集体建设用地租赁住房建设与管理

任家强　闫海强　靳洪武◎著

吉林出版集团股份有限公司

全国百佳图书出版单位

图书在版编目（CIP）数据

集体建设用地租赁住房建设与管理／任家强，闫海强，靳洪武著. -- 长春：吉林出版集团股份有限公司，2022. 11

ISBN 978-7-5731-2751-8

Ⅰ. ①集… Ⅱ. ①任… ②闫… ③靳… Ⅲ. ①农业用地-租房-社会保障制度-研究-中国 Ⅳ. ①F321. 1

中国版本图书馆 CIP 数据核字（2022）第 221075 号

集体建设用地租赁住房建设与管理

JITI JIANSHEYONGDI ZULIN ZHUFANG JIANSHE YU GUANLI

著　　者　任家强　闫海强　靳洪武
责任编辑　王　宇
封面设计　李若冰
开　　本　710mm×1000mm　1/16
字　　数　224 千
印　　张　14
版　　次　2022 年 11 月第 1 版
印　　次　2023 年 8 月第 1 次印刷
印　　刷　北京厚诚则名印刷科技有限公司

出　　版　吉林出版集团股份有限公司
发　　行　吉林出版集团股份有限公司
地　　址　吉林省长春市福祉大路 5788 号
邮　　编　130000
电　　话　0431-81629968
邮　　箱　11915286@qq. com
书　　号　ISBN 978-7-5731-2751-8
定　　价　84. 00 元

前　言

　　2017 年 8 月，国土资源部、住房和城乡建设部联合印发《利用集体建设用地建设租赁住房试点方案》，确定了北京、上海、南京、杭州、厦门、武汉、合肥、郑州、广州、佛山、肇庆、沈阳、成都等 13 个城市作为第一批试点城市；2019 年 1 月，自然资源部增加青岛、海口、贵阳、福州、南昌五个城市作为第二批试点城市。至此，试点城市由 13 个增加至 18 个。2021 年 7 月，国务院办公厅印发《关于加快发展保障性租赁住房的意见》，进一步明确"人口净流入的大城市和省级人民政府确定的城市，在尊重农民集体意愿的基础上，可探索利用集体经营性建设用地建设保障性租赁住房。"

　　开展集体建设用地租赁住房（简称"集体租赁住房"）建设的几年间，以政策创新、价值内涵、运营管理、实现路径以及退出机制的有益实施与探索，必然在"增加保障性租赁住房供给，缓解人口流入较大城市及重点城市的住房供需矛盾，建立有效的'购租并举'的住房体系，构建城乡统一的建设用地市场"中发挥重要的作用。

　　本书是以沈阳建筑大学土地资源管理系任家强副教授为首的研究团队对集体建设用地租赁住房建设相关研究成果的梳理与总结，汇集了集体建设用地租赁住房建设决策、集体建设用地租赁住房租金及其风险分担、集体建设用地租赁住房 REITs 融资模式、基于演化博弈的集体建设用地租赁住房退出机制等学术研究成果。全书由任家强、靳洪武、闫海强组织设计和统稿定稿。对于在撰写过程中，于学成、任晴、张颖晖、侯玉璟、魏茂荣、梁馨月等硕士研究生做出的贡献，在此一并表示感谢。全书共分为九章，具体内容如下：

第一章为绪论，由任家强、靳洪武撰写，是全书的准备部分。第二章为集体建设用地租赁住房建设决策，由闫海强、任家强撰写。第三章为集体建设用地租赁住房建设选址，由靳洪武、闫海强撰写。第四章为集体建设用地租赁住房建设开发与运营研究，由任家强、闫海强撰写。第五章为集体建设用地租赁住房建设风险分担研究，由于学成、靳洪武撰写。第六章为集体建设用地租赁住房建设融资研究，由闫海强、任家强撰写。第七章为集体建设用地租赁住房建设收益分配研究，由任家强、于学成撰写。第八章为集体建设用地租赁住房退出机制研究，由任晴、任家强撰写。第九章为结论与建议，由任家强撰写。

由于作者能力和水平所限，本书的不足之处，敬请各位读者、同行批评指正。

任家强

2022 年 6 月 18 日于沈阳建筑大学 C3 馆

目　录

第一章 绪 论

第一节 研究背景

一、"房子是用来住的、不是用来炒的"的提出

我国房地产市场建立于二十世纪八十年代末，在中共十三大《沿着有中国特色的社会主义道路前进》的报告中，历史上第一次提出"建立房地产市场"，首次确立了房地产市场在我国社会主义市场经济发展中的地位，这具有里程碑意义。2016 年 12 月，中央经济工作会议在北京举行，会议明确了 2017 年中国楼市发展方向，强调要促进房地产市场平稳健康发展，坚持"房子是用来住的，不是用来炒的"的定位，综合运用金融、土地、财税、投资、立法等手段，加快研究建立符合国情、适应市场规律的基础性制度和长效机制，既抑制房地产泡沫，又防止出现大起大落。至此，"房子是用来住的、不是用来炒的"被首次正式提出，它的提出进一步明确了今后相当长的一段时期内我国房地产市场整体的发展定位，也是我国社会主义房地产市场诞生至今，让住房重新回归到人民群众"住有所居"的本有属性。

2017 年 10 月，中共十九大报告要求"坚持'房子是用来住的、不是用来炒的'定位，加快建立多主体供给、多渠道保障、租购并举的住房制度，让全体人民住有所居"，使其成为我国住房领域政策制定和

房地产市场发展的最高核心指导思想，是我党向第二个百年奋斗目标迈进过程中，党和政府解决我国城镇住房问题、建立房地产市场健康稳定发展长效机制的基本原则。

2020 年 11 月，《中共中央关于制定国民经济和社会发展第十四个五年规划和二〇三五年远景目标的建议》在"推进以人为核心的新型城镇化"中进一步明确，"坚持房子是用来住的、不是用来炒的定位，租购并举、因城施策，促进房地产市场平稳健康发展。有效增加保障性住房供给，完善土地出让收入分配机制，探索支持利用集体建设用地按照规划建设租赁住房，完善长租房政策，扩大保障性租赁住房供给"，标志着在我国全面建设社会主义现代化国家新征程中，房地产市场的高质量发展成为"新发展阶段、新发展理念、新发展格局"的必然要求。

二、《利用集体建设用地建设租赁住房试点方案》政策出台

随着城镇化进程的持续加快，经济发达地区的城市凭借自身优质的公共服务资源和丰富的就业机会以及美好的发展前景，长期以来对乡村人口产生强大的吸引力。国家统计局数据显示，2020 年我国近九成流动人口，约为 3.31 亿人流向城镇等经济发达地区，比 2010 年提高了 3.85 个百分点，上海、深圳、北京、东莞、广州、天津、佛山、苏州、宁波和杭州等城市排名在全国人口净流入城市的前十位。国家统计局发布的《2020 年农民工监测调查报告》数据显示，2020 年全国农民工总规模由 2019 年的 29 077 万人下降到 28 560 万人，降幅比例为 1.78%，与 2017 年数据基本持平。2019 年，全国外出农民工占比全国农民工总量的六成左右，为 59.38%，数量达到 16 959 万人。在外出农民工中，有接近八成的农民工在城镇工作和生活，规模达到 13 101 万人。

城市中大规模的流入人口，特别是众多的外来务工人员，成为城市的"新市民"群体，该群体有效缓解了大城市就业人群结构方面的压力，是相当长时期内城市各项建设的主要力量。随之而来，众多的"新市民"也引发了大城市发展问题，在诸多问题中，首当其冲的就是流入人口的住房问题。在大规模的"新市民"中，部分人群符合政策条件，通过政策实现落户，从而通过公租房解决住房问题；对于高收入人群，往往通过住房公积金或商业贷款购买商品房解决居住需求；但是大多数外来务工人群，由于其收入水平不高亦不够稳定，难以通过商业贷款等途径购买自有住房，房屋租赁成为普遍选择。此外，对于符合保障性住房条件的流入人口，由于保障性住房的可供给房源数量有限，每年的缺口居高不下，大多数人长期处于排队等候分配的状态，往往只能通过房屋租赁等其他途径来解决住房问题。

2017 年 4 月，住房和城乡建设部、国土资源部联合印发《关于加强近期住房及用地供应管理和调控有关工作的通知》，提出在租赁住房供需矛盾突出的超大和特大城市，开展集体建设用地上建设租赁住房试点。2017 年 7 月，住房和城乡建设部、国土资源部等九部委联合印发《关于在人口流入的大中城市加快发展住房租赁市场的通知》，再次提出"超大城市、特大城市可开展利用集体建设用地建设租赁住房试点工作。"2017 年 8 月，国土资源部、住房和城乡建设部经过对 2012 年北京、上海在全国最先开展集体租赁住房建设试点以来的经验成果，联合制定并印发了《利用集体建设用地建设租赁住房试点方案》（以下简称《试点方案》），确定了北京、上海、南京等 13 个城市作为第一批试点城市；2019 年 1 月，自然资源部增加青岛、海口、贵阳、福州、南昌五个城市作为第二批试点城市。至此，试点城市由 13 个增加至 18 个。2021 年 7 月，国务院办公厅印发的《关于加快发展保障性租赁住房的意见》，结合试点以来的成效及问题，该意见再次明确"人口净流入的大城市和省级人民政府确定的城市，在尊重农民集体意愿的基础上，可探索利用集体经营性建设用地建设保障性租赁住房"。

"十四五"规划及国家部委发布的有关文件通知，极大地反映出集体建设用地租赁住房建设对以下方面具有积极作用，影响深远：保障城市租赁住房供给，解决城市流入人口住房问题，构建购租并举的房地产市场体系，稳定房地产市场发展，有效盘活集体闲置、低效土地，稳定增加集体成员收益等。

第二节　研究意义

一、理论意义

由于集体建设用地租赁住房建设仍处于试点阶段，国内学者对集体建设用地租赁住房的研究主要集中在农户意愿、实施效果评价、开发模式、收益分配、法律政策等方面，鲜有集体建设用地租赁住房建设决策、选址、开发运营、融资、收益分配以及退出机制等方面系统、完整的研究。因此，将博弈理论、风险理论、利益相关者理论、公共选择理论等理论方法应用到集体建设用地租赁住房建设与管理当中，建立一套较为完整的理论研究体系，为集体建设用地租赁住房建设提供一定理论支撑，加强集体建设用地租赁住房研究。

二、实践意义

1. 有利于集体建设用地租赁住房建设的科学选址与决策

截止到2021年6月，18个试点城市中已开展的租赁住房项目多数处于建设阶段，投入运营的项目不多。由于建设用地自身具有稀缺性的特点，在建设地块的选择上，一方面需要尊重和体现建设主体意愿，另一方面又对建成后的房屋租赁效果产生直接影响，具体为：首先，集体租赁住房建设仅能选择在集体建设用地上进行，可供选择的地块有限，主要以城中村和城乡接合部为主；其次，要综合考虑试点项目周边区域的基础设施以及市场需求状况等因素，便于后续租赁住房项目投入运营；最后，集体经济组织建设集体租赁住房须坚持尊重成员意愿，从而保障成员收益。通过构建集体建设用地租赁住房建设的演化博弈模型，分析地方政府和集体经济组织在面对集体租赁住房项目建设时可能采取的行为机制，制定出博弈双方所形成的稳定均衡策略，从而为推动集体租赁住房建设提供有效的政策建议。

2. 有利于集体建设用地租赁住房建设风险管控

集体建设用地建设租赁住房具有投资大、融资难、回收周期长、风险高等特点，且风险分担的政策法规尚不完善，致使企业参与的积极性较低。因此，构建集体经济组织与企业的风险分担博弈模型，一是有助于合作企业有效地识别和评价具体风险因素，进而采取有效的措施，防范可能发生的风险，从而推动企业进入集体建设用地租赁住房建设项目；二是在于将风险分担作为合同谈判的一部分，在合同中完善集体经济组织和企业的风险分担比例，明确各方的责权利关系，降低风险发生的概率，减少风险成本的增加，保障集体建设用地租赁住房风险分担的合理性和公平性，实现双方共赢，促进政策的推广实施；三是利用集体建设用地建设租赁住房，实现增加城市租赁住房市场的供应规模，较好地缓解租赁住房供需矛盾，降低"新市民"住房成本，有助于实现建立购租并举的住房体系，解决流入人口和当地低收入人群的居住问题，探索城乡统一用地市场和多主体供地，尤其能够较好地盘活城市的城中村、城乡接合部地区的闲置、低效的集体建设用地，促进集体土地的优化配置，扩宽土地来源；四是能够增加农民的收入，为农村引进更多的商业资源，加速推进乡村振兴战略，改善城郊经济社会环境等，有利于进一步拓宽集体经济组织和农民增收渠道。

3. 有利于探索集体建设用地租赁住房的退出

集体建设用地租赁住房建设处于试点阶段,尚未建立完整的"准入—建设—运营—退出"的全生命闭环管理模式。集体建设用地租赁住房的退出亦需要提前开展探索研究,为集体建设用地租赁住房建设管理提供政策支持。在博弈主体有限理性假设下,构建演化博弈模型,分别就集体经济组织、合作企业、承租者退出进行主体间的演化博弈研究。通过建立科学合理的退出机制,以期实现集体建设用地租赁住房的可持续性发展。

第三节　相关概念

一、集体建设用地

1. 建设用地

建设用地的内涵界定通常是指用于建造建筑物或构筑物,通过一定的工程技术手段,为生产、生活和社会经济活动提供操作场地和建筑空间,不以取得生物产品为目的的土地。《中华人民共和国土地管理法》(2019 年修订),对建设用地的定义为"建造建筑物、构筑物的土地"。建设用地按照土地所有权进行划分,可以分为国有建设用地和集体所有建设用地两种类型;按照土地利用性质划分,可以划分为城乡住宅和公共设施用地、工矿用地、交通水利设施用地、旅游用地、军事设施用地等用地类型。

2. 集体建设用地

集体建设用地从土地利用方向和性质上看，属于建设用地，但其权属性质为集体所有。集体建设用地是指在符合国土空间规划和用途管制的要求下，集体经济组织和农村个人投资或集资，进行各项非农业建设所使用的集体土地。集体建设用地包括两种类型：存量建设用地和增量建设用地。存量建设用地一般指在变更调查数据中为建设用地或在农转用有效期内完成农转用审批的地块；增量建设用地指的是已经被规划为建设用地的农用地或者未利用的土地。集体建设用地可分为宅基地、公益性公共设施用地和经营性用地等三大类。

《中华人民共和国土地管理法》（2019 年修订）第六十三条规定："土地利用总体规划、城乡规划确定为工业、商业等经营性用途，并经依法登记的集体经营性建设用地，土地所有权人可以通过出让、出租等方式交由单位或者个人使用，并应当签订书面合同。"通过出让等方式取得的集体经营性建设用地使用权可以转让、互换、出资、赠予或者抵押，但法律、行政法规另有规定或者土地所有权人、土地使用权人签订的书面合同另有约定的除外。集体经营性建设用地的出租，使用权的出让及其最高年限、转让、互换、出资、赠予、抵押等，参照同类用途的国有建设用地执行。

3. 农村集体经济组织

我国农村集体经济组织的概念仍尚未统一，多数学者从不同角度出发对其进行界定。本研究认为，集体建设用地租赁住房建设中的主体主要为城市的城中村、城乡接合部等经济实力较强的地区，农村集体经济组织作为集体建设用地的所有者，对集体土地资产进行统一的经营与管理，实现集体经济收益，增加经济组织成员收入，从该角度出发对其概念进行界定。所以从该角度出发，农村集体经济组织可以定义为：在一定农村社区范围内，以土地等生产资料集体所有为资产基础，以集体所有、合作经营、民主管理、高度自治、服务全体成员的社区性经济组织。同时，《民法典》第九十六条之规定，农村集体经济组织依法取得特别法人资格。农村集体经济组织独资或者合资设立的企业法人，依法独立享有民事权利，承担民事责任。

二、租赁住房

租赁住房由出租人、住房、承租人三者构成，出租人（一般为房屋所有权人）将住房出租给承租人，并由承租人向出租人支付租金的行为，承租人是租用房产，一旦形成房屋租赁关系，承租人就拥有房屋的居住权，但没有该房屋的所有权，不能进行房屋的抵押、出让等。租赁住房是房地产市场中的一种重要的交易形式，具体可以划分为私人出租、公租房、廉租房和集体建设用地租赁住房等类型。

本书研究的集体建设用地租赁住房（简称"集体租赁住房"）是指在尊重农民集体意愿和政府审批的基础上，利用集体建设用地，采用集体经济组织自行开发、与企业合作开发或入市出让给企业等三种开发模式建设的租赁住房，主要面向城市中的"新市民"群体。

第四节　集体建设用地租赁住房建设研究现状

目前，通过查阅相关文献，发现有关集体建设用地租赁住房建设的研究成果较少。由于政策颁布的时间较短，大多数试点城市的集体租赁住房项目仍处于筹建、建设当中，建成运营的项目不多，因此研究的领域大多涉及政策法律、开发运营模式、融资模式、实施效果等方面。对已有的相关文献进行梳理，可以概括出截至目前我国有关集体建设用地租赁住房建设经历了两个阶段：第一个阶段是初步试点阶段（2009年—2016年），2009年上海出台《关于单位租赁房建设和使用管理的试行意见》，北京于2010年正式提出试点开展集体土地建设租赁住房，国土资源部于2012年初批准了上海、北京在全国率先进行集体建设用地建设租赁住房试点；第二阶段持续试点阶段（2017年至今），在2012年北京、上海开展试点的基础上，以国土资源部、住房和城乡建设部联合印发《利用集体建设用地建设租赁住房试点方案》为契机，通过两批次审批试点城市，最终确定北京、上海、南京、杭州、沈阳、成都等18个城市，涉及江苏、湖北、福建、山东、海南、辽宁、浙江、广东、河南、四川、贵州、江西、安徽等13个省和上海、北京两个直辖市。

一、第一阶段初步试点阶段（2009年—2016年）

受外来流入人口规模、土地供应及住房需求的多重压力影响，上海市较早地提出了利用农村集体建设用地建设租赁住房。2009年，上海市出台了《关于单位租赁房建设和使用管理的试行意见》，试行意见要求"农村集体经济组织利用农村集体建设用地建设，主要定向提供给产业园区、产业集聚区内员工租住的市场化租赁宿舍"，围绕产业集聚区周边的农村集体建设用地进行租赁宿舍建设，一定程度上解决了外来务工人员的居住问题。2011年《上海市政府办公厅转发市住房保障房屋管理局等六部门关于积极推进来沪务工人员宿舍建设若干意见的通知》，对利用农村集体建设用地建设租赁房提出了原则性要求和指导性意见，提出项目尽量安排在城镇、产业园区等周边交通便捷、公共设施较齐全的区域。

2010年11月19日，《北京日报》刊登新闻"本市试点集体土地建租赁房"，报道了北京市唐家岭等5村"利用农村建设用地建设的租赁房，将可面向没有北京户籍的流动人口，集体租赁房由村集体组织自建、自管、'只租不卖'，以市场价格出租，收益归村集体经济组织所有"。2012 年 2 月 15 日，《中国国土资源报》刊发《"集体建设用地建租赁房"怎样走稳》的文章，提出集体土地建设租赁房的基本产权特征：一是集体土地不征收，保持集体土地所有权性质不变，体现了集体土地财产权关系；二是由集体经济组织建设、运营与管理，在集体经济组织租赁经营过程中实现集体土地所有权收益；三是只租不售，即土地所有权及使用权、房屋所有权都属于集体经济组织（或者属于房屋开发建设方），只将房屋租赁给承租人使用，明确了集体土地建设租赁住房与集体土地建设小产权房之间的本质区别。

林依标（2012）在《农村集体建设用地流转建租赁房的若干制度思考》一文中，开展了农村集体建设用地的特权重构研究，明确集体建设用地的物权权利，并对投资主体的选择和收益分配进行了论述，提出应从规划、计划、投资主体、产权设置、经济收益分配以及市场流转等方面开展研究工作。王振伟、李江风（2012）在《小产权房出路何在？——以集体建设用地租赁房试点为视角》一文中提到"集体建设用地建设租赁住房，是国家多年来进行农村土地政策改革的重要探索，是对于统筹城乡土地利用的一种新尝试，也充分表明了政府于民让利的态度和决心"，从保持集体土地性质不变、农民长期受益有保障、全体集体经济组织成员收益共享、符合规划依法办理手续等方面阐述了集体建设用地建设租赁房的基本特点，同时对小产权房的解决给出了 3 种办法，即改租、转为国有、没收或拆除。

饶斌（2012）认为集体建设用地租赁住房建设应该不断完善配套制度，明确相关操作规程，建议按照"政府引导、规范运作，只租不售、封闭运行"的原则，在符合城市规划和土地利用总体规划的前提下，严格做到不改变建设用地性质、用途，鼓励利用农村闲置废弃的存量集体建设用地，镇村集体经济组织作为集体租赁住房建设主体，强调将"符合城市规划条件、符合环保要求、符合建设管理标准的"以及"规范项目定位、规范建设标准、规范租赁期限"贯彻落实在集体租赁住房建设管理过程中。刁其怀（2016）以成都市为例，对集体建设用地建保障性租赁房的条件和具体建议进行了研究，根据国土资源部提出的集体租赁住房试点条件，针对成都市的实际情况进行了具体分析，从先行先试出台意见、规范运作有序推进、建房模式政府主导、依法登记界定产权等四个方面阐述了集体租赁住房建设的具体建议。

二、第二阶段持续试点阶段（2017 年至今）

伍振军（2017）介绍了北京市从 2012 年试点工作开展以来试点项目取得的阶段性成绩及存在的问题。通过试点发现的主要问题为：首先，与现行法律相关规定不符，当时的《中华人民共和国土地管理法》对于农村集体建设用地的使用用途进行了严格限定；其次，具体配套政策缺位，尤其在试点项目审批、立项、建设过程中，均存在不同程度的配套政策缺失的问题；再次，投资金额大、回收期长、风险高，由于集体建设用地无法抵押，不能向银行申请贷款，难以获得金融支持；最后，合理收益分配机制有待建立，即合理收益如何在农村集体经济组织内部之间进行有效分配，存在较多分歧。通过制定《北京市利用农村集体土地建设租赁住房试点实施意见》，对集体土地建设租赁住房试点做出了具体的规定，明确了各部门须承担的任务，力求解决上述问题。提出放宽对集体建设用地进行经营性开发的限制，拓展集体建设用地使用权及地上物业的权能，推进农村集体产权制度改革，完善股份权能等相关政策建议。

刘东陆（2017）指出"在缺乏相关法律法规指引的情况下，试点方案的施行更应该合理谨慎，在政策和相关精神的指引下，守牢方案的底线，因地制宜，实现改善居民住房生活水平和使集体建设用地物尽其用的双重目标。"王婷婷（2018）开展的收益分配相关研究认为，集体租赁住房试点的收益分配主体包括集体、农民个体、租赁房经营者和地方政府，在具体的收益分配中往往存在产权制度模糊、政府参与方式不同以及监管制度尚未健全的问题，提出了"试点地区应当完善产权制度，确立租赁房经营者合法地位；实施土地税制改革，从土地开发和使用两个环节对农民集体和租赁房经营者两个主体实施征税。"

靳雯雯（2018）在"引入集体建设用地建设租赁住房的城中村改造模式研究"的研究中，针对济南市的西河村在集体建设用地租赁住房建设的改造模式开展了研究，通过分析城中村改造现状及存在的问题，对现有城中村改造模式进行了分析，研究分析河西村在城中村改造中存在外来低收入流动人口较多、拆迁补偿难度较大等问题，对引入集体建设用地建设租赁住房的西河村城中村改造模式进行了可行性探究，构建了基于集体建设用地建设租赁住房的城中村改造模式。王永强（2018）对深圳市集体建设用地租赁住房建设中的制度问题进行了研究，首先从深圳市集体土地利用现状、集体租赁住房的获取途径以及产权转移问题开展了集体租赁住房制度分析，之后从集体租赁住房的约束、运营中的现实障碍进行了分析，从获取集体租赁住房的可选择路径、运营中相关问题的防范两个角度探讨了完善深圳市集体建设用地租赁住房制度的途径。柴铎、林梦柔、范华（2018）从福利经济学的视角，研究采用一般均衡理论，构建了"五联动"模型，将集体租赁房的社会利益调整机理还原为土地和住房利益生产与分配的改进，分别将集体租赁房最优供给量和最佳社会价值量的计算标准进行了合理推导，进而得到"政府、承租人、农村集体、利益集团"多中心博弈竞合、协同治理机制。文兰娇、汪晗、张安录（2018）侧重于从微观研究集体建设用地租赁住房的收益分配，在研究区域的选择上选择了珠三角地区的江门市集体建设用地租赁住房项目。

姜阔（2019）以武汉市为例，开展了消费意愿视角下集体建设用地建租赁住房的发展路径研究，从根据地方差异打造特色项目、根据消费者群体特征合理规划、根据消费需求建设优质住房等角度探讨了我国集体建设用地租赁住房的发展路径。张强（2019）在集体建设用地建设租赁住房开发模式风险管理研究中，进行了集体租赁住房开发模式风险识别及不同模式的风险评价，在政策、市场、土地、财务、建设风险等方面探讨了相关控制措施。刘灵辉（2019）认为可以通过集体经济组织独资模式、农民集资与建设用地抵押相结合的融资模式、联营入股融资模式等多元化融资渠道能够较好地解决现存的集体租赁住房项目融资困难的问题。

叶婕妤（2020）基于合作博弈理论，对集体建设用地建租赁住房利益分配进行了研究，通过运用 Shapley 值法构建集体建设用地租赁住房利益分配模型，以项目总收入估算、总成本估算和其他收益估算，对武汉市试点项目的利益在分配方面进行了较为科学的测算，对集体建设用地建租赁住房的三个参与者在利益分配原则、比例、类型等方面提出建议。胡阳（2020）开展了集体建设用地建设租赁住房 PPP＋REITs 融资模式研究，对 PPP+REITs 融资模式的运行进行了设计。郭永沛、贺一舟、梁湉湉（2020）从主导主体、土地使用权、运营性质三个维度，选择北京为研究城市，深入剖析了"政府主导出资的公租房、企业受让土地的商业租赁、村企合作开发的商业租赁"三种典型的集体土地建设租赁住房试点。鲁雪晴（2021）对不同模式下利用集体建设用地建设租赁住房的实施效果的研究，以杭州市萧山区的试点项目为研究对象，从效率视角和福利视角分别进行了集体租赁住房建设的政策成效评价。

第二章 集体建设用地租赁住房建设决策

第一节 集体建设用地租赁住房决策的重要意义

一、确保能够发挥集体租赁住房项目的成效

集体建设用地租赁住房通过有效解决城市流入人口的住房难题，缓解城市租赁住房市场的供需矛盾，稳定房地产市场的发展，因此被赋予了重要的历史使命和新的发展内涵。但是也应看到已经开展的试点项目取得的经验与教训，集体建设用地租赁住房试点项目成效的好与坏，能否实现集体租赁住房建设的预期效果，集体经济组织是否同意在其集体建设用地上建设集体租赁住房，政府是否鼓励集体建设用地租赁住房建设，能否成为城市流入人口解决住房问题的选择，能否为集体经济组织产生稳定的经济收入等，存在一定程度的风险。因此，不能盲目地开展集体租赁住房试点项目，必须利用科学的手段和科学的方法进行有效的分析与决策，才能确保发挥集体租赁住房项目的成效。

二、采用科学的方法进行集体租赁住房项目建设决策

从集体租赁住房试点项目建设决策角度出发，探讨地方政府与集

体经济组织在城中村、城乡接合部地区建设集体租赁住房时的收益诉求与策略选择，讨论在何种情况下地方政府与集体经济组织可以进行集体租赁住房建设。基于演化博弈理论，研究通过构建城中村、城乡接合部地区建设集体租赁住房的演化博弈模型，分析地方政府与集体经济组织之间的收益关系，分析地方政府和集体经济组织在面对集体租赁住房项目建设时可能采取的行为选择，得出博弈主体双方所形成的演化稳定策略，即在不同的收益得失状态下，地方政府与集体经济组织倾向于采取的主要策略，并运用 MATLAB 进行演化博弈仿真，分析参数数值变动对地方政府与集体经济组织策略选择的影响。

第二节　城中村集体建设用地租赁住房建设决策

一、地方政府与集体经济组织博弈收益关系分析

城中村是指伴随城市郊区化、产业分散化以及乡村城市化的迅猛发展，为城市建设用地所包围或纳入城市建设用地范围的原有农村聚落，是乡村—城市转型不完全、具有明显城乡二元结构的地域实体。城中村位于城市内部，依托于城市的发展，周边分布着学校、医院、商业服务设施、公交站点，配套设施完善，因而城中村区位的优越性得以凸显。加之城中村土地、房屋建设和管理成本低，吸引了一批对租金敏感的中低收入群体入住，但同时也造成了城中村环境问题突出、社会治安严峻的局面。

利用城中村建设集体租赁住房，既可以改善城中村居住环境，解决社会治理问题，又可以借助集体经济组织的力量，增加租赁住房市场供给，解决城市流入人口和中低收入群体住房难的问题。由于城市的开发建设，受土地稀缺性的影响，城市内部可供出让的土地数量不

断减少。若地方政府为了公共利益的需要，确需征收集体所有的土地，将城中村集体土地征收为国有土地，给予公平、合理的补偿。由于城中村作为城市内部较为特殊的区域，区位条件优越，基础设施较为完善，对于集体经济组织而言，利用城中村建设集体租赁住房恰好迎合了村民的投资需求。集体经济组织可以利用闲置、低效的集体建设用地展开试点，面向市场建设集体租赁住房，以获得长期稳定的收益。但另一方面，集体经济组织却对建设集体租赁住房存在顾虑。因为集体租赁住房项目投资大、资金回收周期长，而且项目市场化运营也存在着风险，而如果城中村集体土地被政府依法征收，集体经济组织则可以一次性获取合理的征收补偿。以上，就形成了地方政府与集体经济组织在集体租赁住房建设决策中的博弈收益关系。

二、城中村集体租赁住房建设演化博弈模型

地方政府和集体经济组织的策略选择均分为建设集体租赁住房和征收两种。假设地方政府选择建设集体租赁住房策略的概率为 m（$0 \leq m \leq 1$），则采取征收策略的概率为 1-m。同样地，假设集体经济组织选择建设集体租赁住房策略的概率为 n（$0 \leq n \leq 1$），则选择征收策略的概率为 1-n。

若地方政府与集体经济组织均选择在城中村建设集体租赁住房，那么将集体租赁住房建成运营后所带来的社会效益记为 X_1，为集体经济组织带来的经济效益记为 Y_1，同时因集体经济组织配合地方政府，积极建设集体租赁住房，而得到地方政府给予的政策扶持 P，所以博弈双方的收益分别为（X_1，Y_1+P）。

若地方政府选择建设集体租赁住房，而集体经济组织想要土地被政府征收，为建设集体租赁住房地方政府需增加财政支出 C_1，对集体租赁住房项目给予税收减免、房屋租金补贴等财政补助，保障集体经济组织的基本收益，减少集体经济组织建设集体租赁住房的顾虑，因

而集体经济组织得到了额外收益 I_1，所以博弈双方的收益分别为（X_1-C_1，Y_1+I_1）。

若地方政府与集体经济组织均决定对城中村进行征收，将城中村开发建设所带来的经济社会效益记为 X_2，地方政府为了公共利益的需要，依法征收城中村土地进行建设获得的收益记为 V，集体经济组织得到的经济社会效益记为 Y_2，则博弈双方的收益分别为（X_2+V，Y_2）。

若地方政府决定将城中村土地进行依法征收，而集体经济组织想要建设集体租赁住房，为保证征收的顺利实施，地方政府利用财政支出合理的征收补偿 C_2，一方面增加对集体经济组织的搬迁奖励 I_2，另一方面增发安置补助费，妥善解决城中村村民临时安置问题，因此博弈双方的收益分别为（X_2+V-C_2，Y_2+I_2）。

根据上述假设和策略组合，得到地方政府与集体经济组织的演化博弈收益矩阵，如表2-1所示。

表2-1　地方政府与集体经济组织之间的演化博弈收益矩阵

地方政府＼集体经济组织	建设集体租赁住房	征收
建设集体租赁住房	X_1，Y_1+P	X_1-C_1，Y_1+I_1
征收拆迁	X_2+V-C_2，Y_2+I_2	X_2+V，Y_2

地方政府选择建设集体租赁住房、征收的收益分别为：

$$U_{a1} = nX_1 + (1-n)(X_1-C_1) \qquad (2.1)$$

$$U_{a2} = n(X_2+V-C_2) + (1-n)(X_2+V) \qquad (2.2)$$

则地方政府的混合策略，即选择建设集体租赁住房和征收的平均收益为：

$$
\begin{aligned}
U_a &= mU_{a1} + (1-m)U_{a2} \\
&= m[nX_1 + (1-n)(X_1-C_1)] + (1-m) \\
&\quad [n(X_2+V-C_2) + (1-n)(X_2+V)] \qquad (2.3)
\end{aligned}
$$

地方政府采取建设集体租赁住房策略的复制动态方程为：

$$\frac{dm}{dt} = m(U_{a1} - U_a) = m(1-m)[n(C_1 + C_2) + X_1 - C_1 - X_2 - V]$$

$$(2.4)$$

集体经济组织选择建设集体租赁住房、进行征收的收益分别为：

$$U_{b1} = m(Y_1 + P) + (1-m)(Y_2 + I_2) \qquad (2.5)$$

$$U_{b2} = m(Y_1 + I_1) + (1-m)Y_2 \qquad (2.6)$$

则集体经济组织的混合策略，即选择建设集体租赁住房与进行征收的平均收益为：

$$\begin{aligned}
U_b &= nU_{b1} + (1-n)U_{b2} \\
&= n[m(Y_1 + P) + (1-m)(Y_2 + I_2)] + (1-n) \\
&\quad [m(Y_1 + I_1) + (1-m)Y_2]
\end{aligned} \qquad (2.7)$$

集体经济组织采取建设集体租赁住房策略的复制动态方程：

$$\frac{dn}{dt} = n(U_{b1} - U_b) = n(1-n)[m(P - I_1 - I_2) + I_2] \qquad (2.8)$$

三、城中村集体租赁住房建设演化博弈稳定策略

地方政府与集体经济组织博弈的复制动态系统是一个由微分方程系统描述的群体动态。分别令 $\frac{dm}{dt} = 0$、$\frac{dn}{dt} = 0$，根据微分方程的稳定性定理可得到该复制动态系统有 4 个局部均衡点与 1 个混合策略均衡点，分别为 $E_1(0, 0)$、$E_2(0, 1)$、$E_3(1, 0)$、$E_4(1, 1)$、$E_5\left(\dfrac{C_1 + X_2 + V - X_1}{C_1 + C_2}, \dfrac{I_2}{I_1 + I_2 - P}\right)$。地方政府与集体经济组织博弈均衡点的稳定性可以由复制动态系统的雅可比矩阵的局部分析得到，雅可比矩阵为：

$$J = \begin{bmatrix} (1-2m)[n(C_1 + C_2) + X_1 - C_1 - X_2 - V] & m(1-m)(C_1 + C_2) \\ n(1-n)(P - I_1 - I_2) & (1-2n)[m(P - I_1 - I_2) + I_2] \end{bmatrix}$$

各均衡点雅可比矩阵的行列式 $detJ$ 和迹 trJ 如下：

$E_1: detJ = (X_1 - C_1 - X_2 - V) * I_2$　　　　　$trJ = X_1 - C_1 - X_2 - V + I_2$

$E_2: detJ = (C_2 + X_1 - X_2 - V) * (-I_2)$　　　$trJ = C_2 + X_1 - X_2 - V - I_2$

$E_3: detJ = (C_1 + X_2 + V - X_1) * (P - I_1)$　$trJ = C_1 + X_2 + V - X_1 + P - I_1$

$E_4: detJ = (X_2 + V - C_2 - X_1) * (I_1 - P)$　$trJ = X_2 + V - C_2 - X_1 + I_1 - P$

$$E_5: detJ = \frac{I_2 * (I_1 - P)}{I_1 + I_2 - P} * \frac{(X_2 + V - X_1)(C_2 - C_1)}{C_1 + C_2}$$

$$trJ = 0$$

在不同的参数取值下，各均衡点的稳定性如表2-2所示。

表2-2　均衡点局部稳定性分析表

情形	条件	均衡点	detJ	trJ	局部稳定性
情形1	$X_1 > C_1 + X_2 + V$ $P > I_1$	E_1 (0, 0) E_2 (0, 1) E_3 (1, 0) E_4 (1, 1)	+ − − +	+ 不确定 不确定 −	不稳定点 鞍点 鞍点 ESS
情形2	$X_1 > C_1 + X_2 + V$ $P < I_1$	E_1 (0, 0) E_2 (0, 1) E_3 (1, 0) E_4 (1, 1)	+ − + −	+ 不确定 − 不确定	不稳定点 鞍点 ESS 鞍点
情形3	$C_2 + X_1 < X_2 + V$ $P > I_1$	E_1 (0, 0) E_2 (0, 1) E_3 (1, 0) E_4 (1, 1)	− + + −	不确定 − + 不确定	鞍点 ESS 不稳定点 鞍点
情形4	$C_2 + X_1 < X_2 + V$ $P < I_1$	E_1 (0, 0) E_2 (0, 1) E_3 (1, 0) E_4 (1, 1)	− + − +	不确定 − 不确定 +	鞍点 ESS 鞍点 不稳定点
情形5	$0 < C_2 + X_1 - X_2 - V < C_1$ $P > I_1$	E_1 (0, 0) E_2 (0, 1) E_3 (1, 0) E_4 (1, 1)	− − + +	不确定 不确定 + −	鞍点 鞍点 不稳定点 ESS

续表

情形	条件	均衡点	detJ	trJ	局部稳定性
情形 6	$0 < C_2 + X_1 - X_2 - V < C_1$ $P < I_1$	$E_1\ (0,\ 0)$	$-$	不确定	鞍点
		$E_2\ (0,\ 1)$	$-$	不确定	鞍点
		$E_3\ (1,\ 0)$	$-$	不确定	鞍点
		$E_4\ (1,\ 1)$	$-$	不确定	鞍点
		E_5	$+$	0	中心

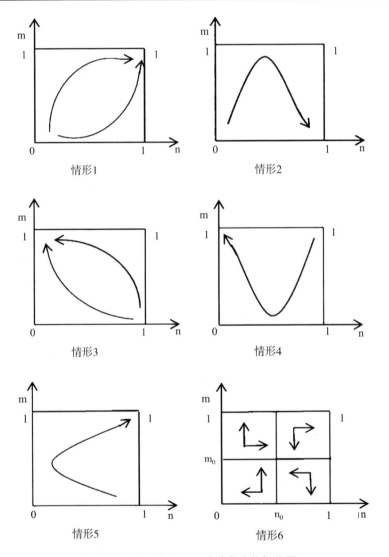

图 2-1　情形 1-6 下系统动态演化相位图

四、城中村集体租赁住房建设演化博弈结果

情形 1，当 $X_1 > C_1 + X_2 + V$，$P > I_1$ 时，E_4（1，1）为演化稳定策略，即地方政府与集体经济组织均倾向于选择建设集体租赁住房策略。

情形 2，当 $X_1 > C_1 + X_2 + V$，$P < I_1$ 时，E_3（1，0）为演化稳定策略，即地方政府倾向于选择建设集体租赁住房策略，而集体经济组织选择进行集体土地征收。

情形 3、4，当 $C_2 + X_1 < X_2 + V$ 时，无论 $P > I_1$，还是 $P < I_1$ 时，E_2（0，1）均为演化稳定策略，即地方政府倾向于选择征收策略而集体经济组织选择建设集体租赁住房策略。

情形 5，当 $0 < C_2 + X_1 - X_2 - V < C_1$，$P > I_1$ 时，E_4（1，1）为演化稳定策略，即地方政府倾向于选择建设集体租赁住房策略，同时集体经济组织也选择建设集体租赁住房。

情形 6，当 $0 < C_2 + X_1 - X_2 - V < C_1$，$P < I_1$ 时，该系统不存在演化稳定策略，即地方政府与集体经济组织无论选择建设集体租赁住房还是集体土地征收都是不确定的。

五、城中村集体租赁住房建设演化博弈仿真

根据相关约束条件和复制动态方程，运用 Matlab 软件对地方政府与集体经济组织之间博弈的演化路径和博弈参数进行仿真，分析参数变化对演化博弈稳定策略带来的影响。

1. 演化路径 **MATLAB** 仿真分析

演化路径图可以直观地表现出博弈主体间重复博弈，不断改进的演化动态过程。根据求得的复制动态方程及均衡点局部稳定性分析，对地方政府与集体经济组织博弈进行演化路径仿真分析。

（1）$X_1 > C_1 + X_2 + V$、$P > I_1$ 时的演化路径仿真分析

取仿真模拟参数 $X_1 = 8$、$X_2 = 4$、$C_1 = 1$、$C_2 = 1$、$I_1 = 1$、$I_2 = 2$、$V = 1$、$P = 3$，满足情形 1 的假设，即地方政府选择建设集体租赁住房带来的社会效益大于选择集体土地征收带来的经济社会效益、土地开发建设获得的收益与用于补贴集体经济组织的财政支出三者之和，集体经济组织选择建设集体租赁住房所得到的地方政府政策扶持效益大于选择集体土地征收得到的财政补贴时，地方政府与集体经济组织的演化路径聚集在（1，1），意味着"建设集体租赁住房、建设集体租赁住房"是演化稳定策略，在此情况下，双方实现收益最大化。图 2-2 为情形 1 下地方政府与集体经济组织的演化路径仿真图。

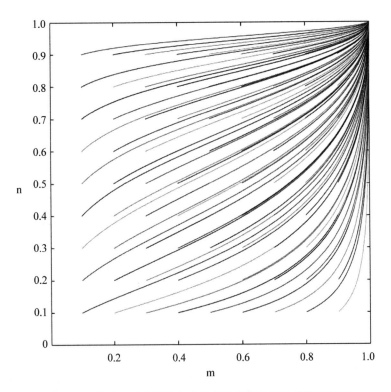

图 2-2　情形 1 地方政府与集体经济组织的演化路径仿真图

（2）$X_1 > C_1 + X_2 + V$、$P < I_1$ 时的演化路径仿真分析

取仿真模拟参数 $X_1 = 8$、$X_2 = 4$、$C_1 = 1$、$C_2 = 1$、$I_1 = 3$、$I_2 = 2$、$V = 1$、$P = 2$，满足情形 2 的假设，即地方政府选择建设集体租赁住房带来的社会效益大于选择集体土地征收带来的经济社会效益、土地开发建设获得的收益与用于补贴集体经济组织的财政支出三者之和，集体经济组织选择建设集体租赁住房所得到的地方政府政策扶持效益小于选择集体土地征收得到的财政补贴时，地方政府与集体经济组织的演化路径聚集在（1，0），意味着"建设集体租赁住房、征收"是演化稳定策略，在此情况下，双方实现收益最大化。图 2-3 为情形 2 下地方政府与集体经济组织的演化路径仿真图。

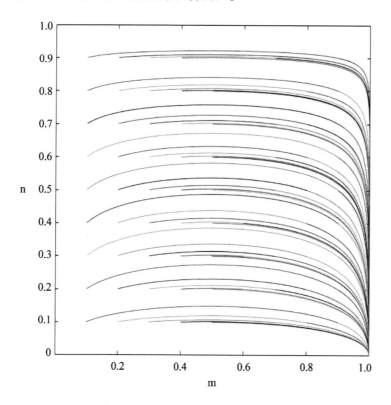

图 2-3　情形 2 地方政府与集体经济组织的演化路径仿真图

（3）$C_2 + X_1 < X_2 + V$、$P > I_1$ 时的演化路径仿真分析

取仿真模拟参数 $X_1 = 4$、$X_2 = 6$、$C_1 = 1$、$C_2 = 1$、$I_1 = 2$、$I_2 = 2$、$V = 1$、$P = 3$，满足情形 3 的假设，即地方政府选择建设集体租赁住房带来的社会效益与选择集体土地征收用于集体经济组织的财政补贴支出两者之和小于选择集体土地征收带来的经济社会效益、土地开发建设获得的收益两者之和，集体经济组织选择建设集体租赁住房所得到的地方政府政策扶持效益大于选择集体土地征收得到的财政补贴时，地方政府与集体经济组织的演化路径聚集在（0，1），意味着"征收、建设集体租赁住房"是演化稳定策略，在此情况下，双方实现收益最大化。图 2-4 为情形 3 下地方政府与集体经济组织的演化路径仿真图。

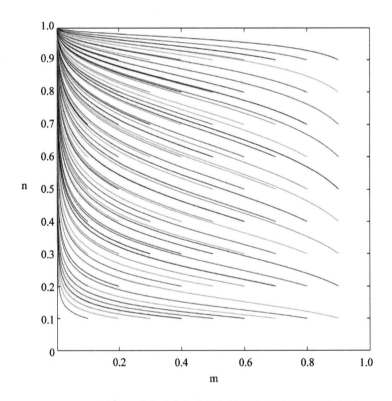

图 2-4　情形 3 地方政府与集体经济组织的演化路径仿真图

（4）$C_2 + X_1 < X_2 + V$、$P < I_1$ 时的演化路径仿真分析

取仿真模拟参数 $X_1 = 4$、$X_2 = 6$、$C_1 = 1$、$C_2 = 1$、$I_1 = 3$、$I_2 = 2$、$V = 1$、$P = 2$，满足情形 4 的假设，即地方政府选择建设集体租赁住房带来的社会效益与选择集体土地征收用于集体经济组织的财政补贴支出两者之和小于选择集体土地征收带来的经济社会效益、土地开发建设获得的收益两者之和，集体经济组织选择建设集体租赁住房所得到的地方政府政策扶持效益小于选择集体土地征收得到的财政补贴时，地方政府与集体经济组织的演化路径聚集在（0，1），意味着"集体土地征收、建设集体租赁住房"是演化稳定策略，在此情况下，双方实现收益最大化。图 2-5 为情形 4 下地方政府与集体经济组织的演化路径仿真图。

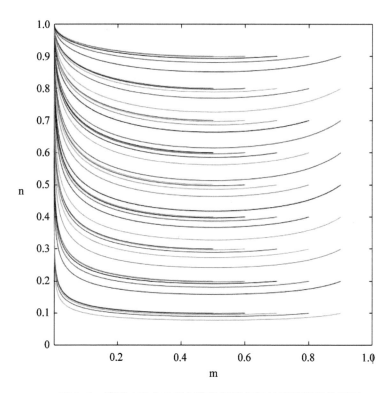

图 2-5　情形 4 地方政府与集体经济组织的演化路径仿真图

（5）$0 < C_2 + X_1 - X_2 - V < C_1$、$P > I_1$ 时的演化路径仿真分析

取仿真模拟参数 $X_1 = 5$、$X_2 = 4$、$C_1 = 1$、$C_2 = 1$、$I_1 = 2$、$I_2 = 2$、$V = 1$、$P = 3$，满足情形 5 的假设，即地方政府选择建设集体租赁住房带来的社会效益与选择集体土地征收用于集体经济组织的财政补贴支出两者之和小于选择集体土地征收带来的经济社会效益、土地开发建设获得的收益与选择建设集体租赁住房而补贴集体经济组织的财政支出三者之和，集体经济组织选择建设集体租赁住房所得到的地方政府政策扶持效益大于选择集体土地征收得到的财政补贴时，地方政府与集体经济组织的演化路径聚集在（0，1），意味着"征收、建设集体租赁住房"是演化稳定策略，在此情况下，双方实现收益最大化。图 2-6 为情形 5 下地方政府与集体经济组织的演化路径仿真图。

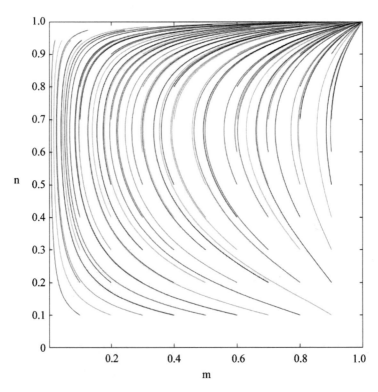

图 2-6 情形 5 地方政府与集体经济组织的演化路径仿真图

（6）$0 < C_2 + X_1 - X_2 - V < C_1$、$P < I_1$ 时的演化路径仿真分析

取仿真模拟参数 $X_1 = 5$、$X_2 = 4$、$C_1 = 1$、$C_2 = 1$、$I_1 = 3$、$I_2 = 2$、$V = 1$、$P = 2$，满足情形 6 的假设，即地方政府选择建设集体租赁住房带来的社会效益与选择集体土地征收用于集体经济组织的财政补贴支出两者之和小于选择集体土地征收带来的经济社会效益、土地开发建设获得的收益与选择建设集体租赁住房而补贴集体经济组织的财政支出三者之和，集体经济组织选择建设集体租赁住房所得到的地方政府政策扶持效益小于选择集体土地征收得到的财政补贴时，该系统不存在演化稳定策略，即地方政府与集体经济组织选择建设集体租赁住房还是集体土地征收都是不确定的。图 2-7 为情形 6 下地方政府与集体经济组织的演化路径仿真图。

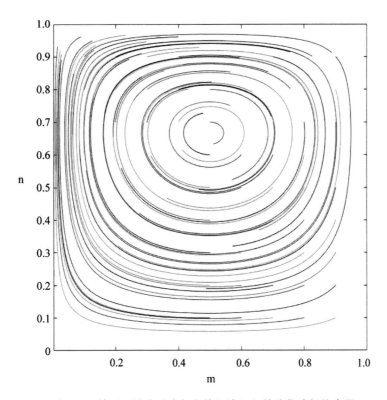

图 2-7　情形 6 地方政府与集体经济组织的演化路径仿真图

2. 参数 MATLAB 仿真分析

运用 MATLAB 对参数进行仿真模拟，以横轴表示时间 t，设定 $t \in (0, 10)$，以纵轴表示博弈主体策略选择的比例，即地方政府选择建设集体租赁住房策略的比例为 m、集体经济组织选择建设集体租赁住房策略的比例为 n，m、$n \in (0, 1)$，设定博弈主体策略选择初始比例 $m_0 = 0.5$、$n_0 = 0.5$，分析不同参数变化对系统演化的影响。各个参数的赋值大小仅表示相应参数之间的相互关系，且在进行仿真模拟时为了明确各参数对系统演化的影响，会采用控制变量的方法，对于单一变量进行不同赋值的同时保持其他参数不变。

（1）地方政府建设集体租赁住房带来的社会效益 X_1 对系统演化影响

分别取 $X_1 = 2$、$X_1 = 4$、$X_1 = 8$、$X_1 = 10$，其他参数保持不变，取 $X_2 = 4$、$C_1 = 1$、$C_2 = 1$、$I_1 = 3$、$I_2 = 2$、$V = 1$、$P = 2$，观察参数 X_1 变化对系统演化的影响。

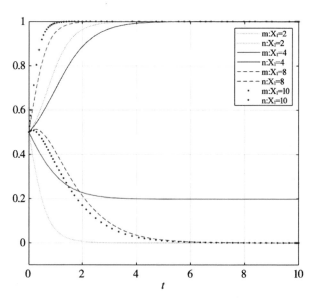

图 2-8 社会效益 X_1 变化对系统演化的影响

由图2-8可知：当地方政府建设集体租赁住房带来的社会效益 $X_1 = 2$ 时，随着时间 t 的推移，地方政府选择建设集体租赁住房的比例 m 由 0.5 趋于 0，集体经济组织选择建设集体租赁住房的比例 n 由 0.5 趋于 1，表明在此条件下，地方政府与集体经济组织的策略选择分别向"集体土地征收"和"建设集体租赁住房"策略演化；当 X_1 增大到 4 时，随着时间的推移，地方政府选择建设集体租赁住房的比例 m 向 0 演化的速度放缓，同时集体经济组织选择建设集体租赁住房的比例 n 向 1 演化的速度放缓；当 X_1 增大至 8 时，随着时间的推移，地方政府选择建设集体租赁住房的比例 m 由 0.5 趋于 1，而集体经济组织选择建设集体租赁住房的比例 n 由 0.5 趋于 0，表明在此条件下，地方政府与集体经济组织的策略选择分别向"建设集体租赁住房"和"集体土地征收"策略演化；当 X_1 增大至 10 时，随着时间的推移，地方政府选择建设集体租赁住房的比例 m 向 1 演化的速度加快，而集体经济组织选择建设集体租赁住房的比例 n 向 0 演化的速度加快。由此得出，在其他参数不变情况下，随着地方政府建设集体租赁住房带来的社会效益 X_1 的不断增长，地方政府的策略选择由"集体土地征收"向"建设集体租赁住房"演化，集体经济组织的策略选择由"建设集体租赁住房"向"集体土地征收"演化。

（2）地方政府进行集体土地征收带来的经济社会效益 $X_2 + V$ 对系统演化影响

分别取 $X_2 + V = 4$、$X_2 + V = 6$、$X_2 + V = 8$、$X_2 + V = 10$，其他参数保持不变，取 $X_1 = 8$、$C_1 = 1$、$C_2 = 1$、$I_1 = 3$、$I_2 = 2$、$P = 2$，观察参数 $X_2 + V$ 变化对系统演化的影响。

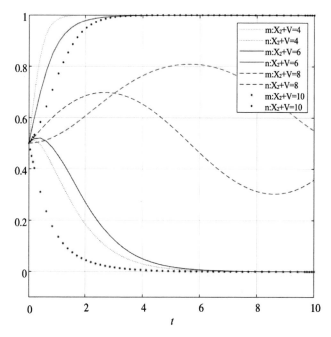

图 2-9　经济社会效益 X_2+V 变化对系统演化的影响

由图 2-9 可知：当地方政府进行集体土地征收带来的经济社会效益 $X_2+V=4$ 时，随着时间 t 的推移，地方政府选择建设集体租赁住房的比例 m 由 0.5 趋于 1，集体经济组织选择建设集体租赁住房的比例 n 由 0.5 趋于 0，表明在此条件下，地方政府与集体经济组织的策略选择分别向"建设集体租赁住房"和"集体土地征收"策略演化；当 X_2+V 增大到 6 时，随着时间的推移，地方政府选择建设集体租赁住房的比例 m 向 1 演化的速度放缓，同时集体经济组织选择建设集体租赁住房的比例 n 向 0 演化的速度放缓；当 X_2+V 增大至 8 时，随着时间的推移，地方政府选择建设集体租赁住房的比例 m 呈现波动状态，同时集体经济组织选择建设集体租赁住房的比例 n 也呈现波动状态，表明在此条件下，博弈系统变为不稳定系统，地方政府与集体经济组织不存在演化稳定策略；当 X_2+V 增大至 10 时，随着时间的推移，地方政府选择建设集体租赁住房的比例 m 由 0.5 趋于 0，而集体经济组织选择建设集体租赁住房的比例 n 由 0.5 趋于 1，表明在此条件下，地方政府与集体经济组织的策略选择分别向"集体土地征收"和"建设集体租赁住房"策略演化。由此得出，在其他参数不变情况下，随着地方政府依法进行集体土地征收带来的社会效益 X_2+V 的不断增长，地方政府的策略选择从"建设集体租赁住房"向"集体土地征收"演化，集体经济组织的策略选择由"集体土地征收"向"建设集体租赁住房"演化。

（3）集体经济组织选择建设集体租赁住房得到的政策扶持 P 对系统演化影响

分别取 $P=2$、$P=4$、$P=6$、$P=8$，其他参数保持不变，取 $X_1=8$、$X_2=4$、$C_1=1$、$C_2=1$、$I_1=3$、$I_2=2$、$V=1$，观察参数 P 变化对系统演化的影响。

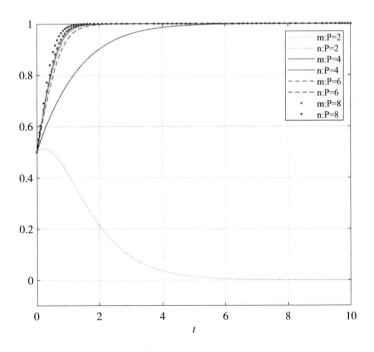

图 2-10　政策扶持 P 变化对系统演化的影响

由图2-10可知：当集体经济组织选择建设集体租赁住房带来的政策扶持效益 $P=2$ 时，随着时间 t 的推移，地方政府选择建设集体租赁住房的比例 m 由0.5趋于1，集体经济组织选择建设集体租赁住房的比例 n 由0.5趋于0，表明在此条件下，地方政府与集体经济组织的策略选择分别向"建设集体租赁住房"和"集体土地征收"策略演化；当 P 增大到4时，随着时间的推移，地方政府选择建设集体租赁住房的比例 m 向1演化的速度逐渐加快，而集体经济组织选择建设集体租赁住房的比例 n 由0.5趋于1，表明在此条件下，集体经济组织的策略选择由"集体土地征收"向"建设集体租赁住房"策略演化；当 P 增大至6时，随着时间的推移，地方政府选择建设集体租赁住房的比例 m 向1演化的速度加快，同样集体经济组织选择建设集体租赁住房的比例 n 向1演化的速度逐渐加快；当 P 增大至8时，随着时间的推移，地方政府选择建设集体租赁住房的比例 m 向1演化的速度加快，同样集体经济组织选择建设集体租赁住房的比例 n 以更快的速度向1演化。由此得出，在其他参数不变的情况下，随着集体经济组织选择建设集体租赁住房所得到的政策扶持 P 的不断增加，地方政府的策略选择向"建设集体租赁住房"演化，且演化速度逐渐加快，集体经济组织的策略选择从"集体土地征收"向"建设集体租赁住房"演化。

（4）建设集体租赁住房时地方政府用于集体经济组织的财政补贴支出 C_1 对系统演化影响

分别取 $C_1=1$、$C_1=2$、$C_1=3$、$C_1=4$，其他参数保持不变，取 $X_1=8$、$X_2=4$、$C_2=1$、$I_1=3$、$I_2=2$、$V=1$、$P=2$，观察参数 C_1 变化对系统演化的影响。

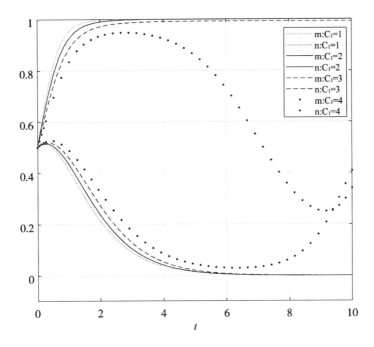

图 2-11　财政补贴支出 C_1 变化对系统演化的影响

由图 2-11 可知：当建设集体租赁住房时，地方政府用于集体经济组织的财政补贴支出 $C_1 = 1$ 时，随着时间 t 的推移，地方政府选择建设集体租赁住房的比例 m 由 0.5 趋于 1，集体经济组织选择建设集体租赁住房的比例 n 由 0.5 趋于 0，表明在此条件下，地方政府与集体经济组织的策略选择分别向"建设集体租赁住房""集体土地征收"策略演化；当 C_1 增大到 2 时，随着时间的推移，地方政府选择建设集体租赁住房的比例 m 向 1 演化的速度放缓，而集体经济组织选择建设集体租赁住房的比例 n 向 0 演化的速度基本保持不变。当 C_1 增大至 3 时，随着时间的推移，地方政府选择建设集体租赁住房的比例 m 向 1 演化的速度继续放缓，而集体经济组织选择建设集体租赁住房的比例 n 向 0 演化的速度基本保持不变；当 C_1 增大至 4 时，随着时间的推移，地方政府选择建设集体租赁住房的比例 m 呈现波动状态，同样集体经济组织选择建设集体租赁住房的比例 n 也呈现波动状态，表明在此条件下，博弈系统变为不稳定系统，地方政府与集体经济组织不存在演化稳定策略。由此得出，在其他参数不变情况下，随着地方政府建设集体租赁住房时所给予集体经济组织的财政补贴支出 C_1 的不断增加，地方政府的策略选择由"建设集体租赁住房"向无稳定策略演化，而集体经济组织的策略选择由"集体土地征收"向无稳定策略演化。

（5）地方政府建设集体租赁住房时，集体经济组织得到的财政补贴收益 I_1 对系统演化影响

分别取 $I_1 = 1$、$I_1 = 3$、$I_1 = 5$、$I_1 = 7$，其他参数保持不变，取 $X_1 = 8$、$X_2 = 4$、$C_1 = 1$、$C_2 = 1$、$I_2 = 2$、$V = 1$、$P = 2$，观察参数 I_1 变化对系统演化的影响。

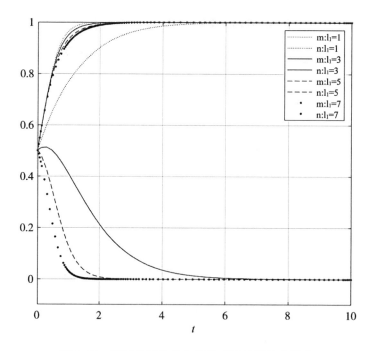

图 2-12　财政补贴收益 I_1 变化对系统演化的影响

由图 2-12 可知：当地方政府建设集体租赁住房时，集体经济组织

得到的财政补贴收益 $I_1=1$ 时，随着时间 t 的推移，地方政府选择建设集体租赁住房的比例 m 由 0.5 趋于 1，集体经济组织选择建设集体租赁住房的比例 n 由 0.5 趋于 1，表明在此条件下，地方政府与集体经济组织的策略选择向"建设集体租赁住房"演化；当 I_1 增大到 3 时，随着时间的推移，地方政府选择建设集体租赁住房的比例 m 向 1 演化的速度放缓，而集体经济组织选择建设集体租赁住房的比例 n 由 0.5 趋于 0，表明在此条件下，集体经济组织的策略选择向"集体土地征收"策略演化；当 I_1 增大至 5 时，随着时间的推移，地方政府选择建设集体租赁住房的比例 m 向 1 演化的速度继续放缓，而集体经济组织选择建设集体租赁住房的比例 n 向 1 演化的速度加快；当 I_1 增大至 7 时，随着时间的推移，地方政府选择建设集体租赁住房的比例 m 向 1 演化的速度依旧放缓，而集体经济组织选择建设集体租赁住房的比例 n 以更快的速度向 0 演化。由此得出，在其他参数不变情况下，地方政府建设集体租赁住房时，随着集体经济组织得到的财政补贴收益 I_1 的不断增加，地方政府的策略选择向"建设集体租赁住房"演化，但演化速度不断放缓，集体经济组织的策略选择由"建设集体租赁住房"向"集体土地征收"演化。

（6）地方政府依法进行集体土地征收用于集体经济组织的财政补贴支出 C_2 对系统演化影响

分别取 $C_2=1$、$C_2=3$、$C_2=5$、$C_2=7$，其他参数保持不变，取 $X_1=8$、$X_2=4$、$C_1=1$、$I_1=3$、$I_2=2$、$V=1$、$P=2$，观察参数 C_2 变化对系统演化的影响。

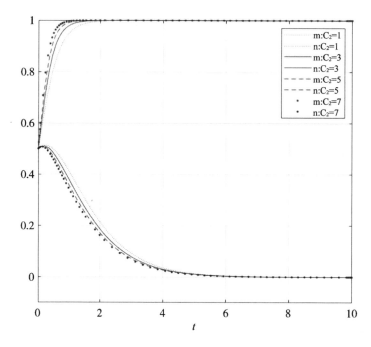

图 2-13　财政补贴支出 C_2 变化对系统演化的影响

由图 2-13 可知：当地方政府进行集体土地征收用于集体经济组织的财政补贴支出 $C_2=1$ 时，随着时间 t 的推移，地方政府选择建设集体租赁住房的比例 m 由 0.5 趋于 1，集体经济组织选择建设集体租赁住房的比例 n 由 0.5 趋于 0，表明在此条件下，地方政府与集体经济组织的策略选择分别向"建设集体租赁住房"和"集体土地征收"策略演化；当 C_2 增大到 3 时，随着时间的推移，地方政府选择建设集体租赁住房的比例 m 向 1 演化的速度加快，而集体经济组织选择建设集体租赁住房的比例 n 向 0 演化的速度加快；当 C_2 增大至 5 时，随着时间的推移，地方政府选择建设集体租赁住房的比例 m 向 1 演化的速度持续加快，同样集体经济组织选择建设集体租赁住房的比例 n 向 0 演化的速度持续加快；当 C_2 增大至 7 时，随着时间的推移，地方政府选择建设集体租赁住房的比例 m 向 1 演化的速度仍在加快，同样集体经济组织选择建设集体租赁住房的比例 n 向 0 演化的速度仍在加快。由此得出，在其他参数不变情况下，随着地方政府进行集体土地征收时用于集体经济组织的财政补贴支出 C_2 的不断增长，地方政府的策略选择向"建设集体租赁住房"演化，且演化速度不断加快，而集体经济组织的策略选择向"集体土地征收"演化，且演化速度不断加快。

3. 仿真结果

演化路径的仿真，充分验证了演化博弈稳定策略分析的准确性，同时通过演化路径图的形式生动形象地展示了 6 种情形下博弈主体间的演化博弈过程。

通过对博弈参数进行仿真，可以得出随着地方政府建设集体租赁住房带来的社会效益 X_1、地方政府进行集体土地征收带来的经济社会效益 X_2+V 参数数值的增大，地方政府与集体经济组织的策略选择朝着相反方向演化，即地方政府倾向于选择建设集体租赁住房时而集体经济组织倾向于集体土地征收，或地方政府倾向于进行集体土地征收而集体经济组织选择建设集体租赁住房。

在地方政府与集体经济组织双方策略一致，均选择建设集体租赁住房的条件下，随着集体经济组织选择建设集体租赁住房所得到的政策扶持 P 数值的增大，建设集体租赁住房的倾向愈明显；而若博弈双方策略选择不相同，地方政府财政补贴支出 C_2 的力度越大，集体经济组织得到的财政补贴收益 I_1 越多，则集体经济组织会坚持原策略。随着参数建设集体租赁住房时地方政府用于集体经济组织的财政补贴 C_1 的增大，地方政府与集体经济组织的策略选择分别由"建设集体租赁住房"和"集体土地征收"向无稳定策略演化，博弈系统不存在最优解。

第三节 城乡接合部集体建设用地租赁住房建设决策

一、地方政府与集体经济组织博弈收益关系分析

针对与城市建成区毗邻的城乡接合部地区，因其同时具备城市及农村的某些功能与特点、非农产业与农业并存的地带，也是外来务工人群居住集中地带。由于城市外围分布着产业园区，园区内的职工及周边外来务工人群具有强烈的住房需求，在城乡接合部建设集体租赁住房能够满足该部分人群住房需要，解决居住问题。然而，相较于城区，城乡接合部的基础设施还不够完善，一定程度上缺乏医疗等配套资源，区位条件一般，对承租人的吸引力不强。如果在城乡接合部建设集体租赁住房，则需要地方政府增加基础设施配套等方面的建设投入。因此，地方政府建设集体租赁住房往往持慎重态度。

另一方面，城乡接合部地区的集体经济组织有大量可利用的建设用地资源，如果该部分土地不能短期内被政府征收，建设集体租赁住房势必为较好的选择。同时，产业园区有众多职工和外来务工人员，住房租赁市场需求旺盛。集体租赁住房项目建成运营后，能够带来可观的租金收益，增加集体经济组织及其成员的收入来源，壮大集体经济。然而，城乡接合部周边基础设施不够完善，一定程度上制约着后期集体租赁住房项目的运营效果，直接影响到房屋出租率，导致租金收入无法达到预期，加之集体租赁住房项目投资大、收益率不高、资金回收周期长，很有可能使得项目投资难以收回，集体租赁住房项目建设面临较大投资风险，导致集体经济组织不会轻率决定建设集体租赁住房。

二、城乡接合部集体租赁住房建设演化博弈模型

地方政府与集体经济组织的行为策略选择均分为积极建设集体租赁住房和怠惰建设集体租赁住房两种。假设地方政府采取积极建设集体租赁住房策略的概率为 m（$0 \leqslant m \leqslant 1$），则采取怠惰建设集体租赁住房策略的概率为 $1-m$。集体经济组织从自身收益的角度考虑，其策略为积极建设集体租赁住房的概率为 n（$0 \leqslant n \leqslant 1$），而选择怠惰建设集体租赁住房策略的概率为 $1-n$。

如果地方政府与集体经济组织双方都很看好集体租赁住房项目，积极参与集体租赁住房建设，同时地方政府予以政策支持，提升基础设施完善度，将集体租赁住房建成运营后带来的社会效益记为 X，为集体经济组织带来的租金收入记为 Y，地方政府与集体经济组织可以分享到的收益分别为（X，Y）。

若地方政府对集体租赁住房建设充满热情，而集体经济组织出于投资风险考虑，对集体租赁住房建设积极性不高。为推动集体租赁住房建设落成，地方政府利用财政资金 C_1，完善基础设施建设，由此带来社会经济效益的增长记为 I_1，集体租赁住房出租率因基础设施条件的改善而有所提高，集体经济组织可获得的新增租金收入记为 I_2（$I_1 > I_2$），地方政府与集体经济组织的收益分别为（$X - C_1 + I_1$，$Y + I_2$）。

若集体经济组织建设集体租赁住房项目的意愿较为强烈，而地方政府因财政压力大，对集体租赁住房建设持怠惰态度。集体租赁住房建成后，因基础设施不完善导致房屋出租率低，集体经济组织收益受损，将收益损失额记为 C_2，同时社会经济效益也会缩减，记为 C_3（$C_3 = I_1$），地方政府与集体经济组织的收益分别为（$X - C_3$，$Y - C_2$）。

若地方政府与集体经济组织对集体租赁住房项目建设均不积极，则项目无法建成，双方的收益分别为（0，0）。

根据上述假设和策略组合，得到地方政府与集体经济组织的演化

博弈收益矩阵，如表2-3所示。

表2-3 地方政府与集体经济组织之间的演化博弈收益矩阵

集体经济组织 地方政府	积极	怠惰
积极	X，Y	$X-C_1+I_1$，$Y+I_2$
怠惰	$X-C_3$，$Y-C_2$	0，0

地方政府选择积极建设集体租赁住房策略、怠惰建设集体租赁住房策略的收益分别为：

$$U_{a1} = nX + (1-n)(X-C_1+I_1) \tag{2.9}$$

$$U_{a2} = n(X-C_3) \tag{2.10}$$

则地方政府的混合策略，即选择积极策略和怠惰策略的平均收益为：

$$U_a = mU_{a1} + (1-m)U_{a2} = m[nX + (1-n)(X-C_1+I_1)] + (1-m)n(X-C_3) \tag{2.11}$$

地方政府采取积极建设集体租赁住房策略的复制动态方程为：

$$\frac{dm}{dt} = m(U_{a1}-U_a) = m(1-m)[n(C_1-X) + X-C_1+I_1] \tag{2.12}$$

集体经济组织选择积极建设集体租赁住房策略、怠惰建设集体租赁住房策略的收益分别为：

$$U_{b1} = mY + (1-m)(Y-C_2) \tag{2.13}$$

$$U_{b2} = m(Y+I_2) \tag{2.14}$$

则集体经济组织的混合策略，即选择积极策略和怠惰策略的平均收益为：

$$U_b = nU_{b1} + (1-n)U_{b2} = n[mY + (1-m)(Y-C_2)] + (1-n)m(Y+I_2) \tag{2.15}$$

集体经济组织采取积极建设集体租赁住房策略的复制动态方程：

$$\frac{dn}{dt} = n(U_{b1}-U_b) = n(1-n)[m(C_2-Y-I_2) + Y-C_2] \tag{2.16}$$

三、城乡接合部集体租赁住房建设演化博弈稳定策略分析

地方政府与集体经济组织博弈的复制动态系统是一个由微分方程系统描述的群体动态。分别令 $\dfrac{dm}{dt}=0$、$\dfrac{dn}{dt}=0$，根据微分方程的稳定性定理可得到该复制动态系统有 4 个局部均衡点与 1 个混合策略均衡点，分别为 E_1（0，0）、E_2（0，1）、E_3（1，0）、E_4（1，1）、E_5 $\left(\dfrac{C_2-Y}{C_2-Y-I_2},\ \dfrac{C_1-X-I_1}{C_1-X}\right)$。地方政府与集体经济组织博弈均衡点的稳定性可以由复制动态系统的雅可比矩阵的局部分析得到，雅可比矩阵为：

$$J=\begin{bmatrix}(1-2m)\left[n(C_1-X)+X-C_1+I_1\right] & m(1-m)(C_1-X)\\ n(1-n)(C_2-Y-I_2) & (1-2n)\left[m(C_2-Y-I_2)+Y-C_2\right]\end{bmatrix}$$

各均衡点雅可比矩阵的行列式 $detJ$ 和迹 trJ 如下：

E_1：$detJ=(X-C_1+I_1)*(Y-C_2)$　　$trJ=X-C_1+I_1+Y-C_2$

E_2：$detJ=I_1*(C_2-Y)$　　　　　　　$trJ=I_1+C_2-Y$

E_3：$detJ=(X-C_1+I_1)*I_2$　　　　　$trJ=C_1-X-I_1-I_2$

E_4：$detJ=-I_1*I_2$　　　　　　　　　$trJ=I_2-I_1$

E_5：$detJ=\dfrac{(C_1-X-I_1)*I_1}{C_1-X}*\dfrac{(C_2-Y)*I_2}{C_2-Y-I_2}$　　　　$trJ=0$

在不同的参数取值下，各均衡点的稳定性如表 2-4 所示。

表 2-4　均衡点局部稳定性分析表

情形	条件	均衡点	detJ	trJ	局部稳定性
形 1	$X+I_1>C_1$ $Y>C_2$	E_1 (0, 0)	+	+	不稳定点
		E_2 (0, 1)	−	不确定	鞍点
		E_3 (1, 0)	+	−	ESS
		E_4 (1, 1)	−	−	鞍点
情形 2	$X+I_1>C_1$ $Y<C_2$	E_1 (0, 0)	−	不确定	鞍点
		E_2 (0, 1)	+	+	不稳定点
		E_3 (1, 0)	+	−	ESS
		E_4 (1, 1)	−	−	鞍点
情形 3	$X+I_1<C_1$ $Y>C_2$	E_1 (0, 0)	−	不确定	鞍点
		E_2 (0, 1)	−	不确定	鞍点
		E_3 (1, 0)	−	不确定	鞍点
		E_4 (1, 1)	−	−	鞍点
		E_5	+	0	中心
情形 4	$X+I_1<C_1$ $Y<C_2$	E_1 (0, 0)	+	−	ESS
		E_2 (0, 1)	+	+	不稳定点
		E_3 (1, 0)	−	不确定	鞍点
		E_4 (1, 1)	−	−	鞍点

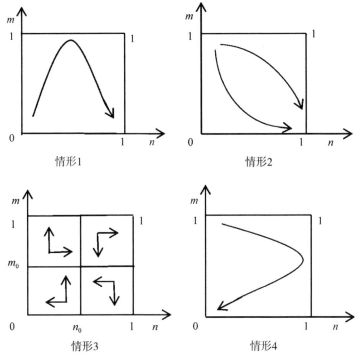

图 2-14　情形 1-4 下系统动态演化相应图

四、城乡接合部集体租赁住房建设演化博弈结果

情形 1、2，当 $X+I_1>C_1$ 时，无论 $Y>C_2$ 还是 $Y<C_2$，E_3 （1，0）均为演化稳定策略，即地方政府倾向于积极建设集体租赁住房策略，集体经济组织倾向于怠惰建设集体租赁住房策略。

情形 3，当 $X+I_1<C_1$，$Y>C_2$ 时，系统不存在演化稳定策略，即地方政府与集体经济组织选择积极建设集体租赁住房还是怠惰建设集体租赁住房都是不确定的。

情形 4，当 $X+I_1<C_1$，$Y<C_2$ 时，E_1 （0，0）为演化稳定策略，即地方政府与集体经济组织均倾向于采取怠惰建设集体租赁住房策略。

五、城乡接合部集体租赁住房建设演化博弈仿真

根据相关约束条件和复制动态方程，运用 MATLAB 软件对地方政府与集体经济组织两主体博弈的演化路径和博弈参数进行仿真，分析参数变化对演化博弈稳定策略带来的影响。

1. 演化路径 MATLAB 仿真分析

演化路径图可以直观地表现出博弈主体间重复博弈，不断改进的演化动态过程。根据求得的复制动态方程及均衡点局部稳定性分析，对地方政府与集体经济组织博弈进行演化路径仿真分析。

（1）$X + I_1 > C_1$、$Y > C_2$ 时的演化路径仿真分析

取仿真模拟参数 $X = 6$、$Y = 5$、$C_1 = 4$、$C_2 = 3$、$I_1 = 3$、$I_2 = 2$，满足情形 1 的假设，即集体租赁住房与基础设施建设为地方政府带来的经济社会效益 X、I_1 两者之和大于地方政府用于基础设施建设的财政支出 C_1，集体经济组织建设集体租赁住房所得到的经济效益 Y 大于因基础设施不完善造成的收益损失 C_2 时，地方政府与集体经济组织的演化路径聚集在（1，0），意味着"积极建设集体租赁住房、怠惰建设集体租赁住房"分别是博弈双方的演化稳定策略，在此情况下，双方实现收益最大化。图 2-15 为情形 1 下地方政府与集体经济组织的演化路径仿真图。

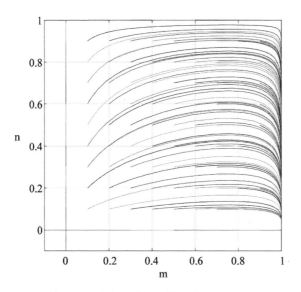

图 2-15 情形 1 下地方政府与集体经济组织的演化路径仿真图

（2）$X + I_1 > C_1$、$Y < C_2$ 时的演化路径仿真分析

取仿真模拟参数 $X = 6$、$Y = 4$、$C_1 = 4$、$C_2 = 5$、$I_1 = 3$、$I_2 = 2$，满足情形 2 的假设，即集体租赁住房与基础设施建设为地方政府带来的经济社会效益 X、I_1 两者之和大于地方政府用于基础设施建设的财政支出 C_1，集体经济组织建设集体租赁住房所得到的经济效益 Y 小于因基础设施不完善造成的收益损失 C_2 时，地方政府与集体经济组织的演化路径聚集在（1，0），意味着"积极建设集体租赁住房、怠惰建设集体租赁住房"分别是博弈双方的演化稳定策略，在此情况下，双方实现收益最大化。图 2-16 为情形 2 下地方政府与集体经济组织的演化路径仿真图。

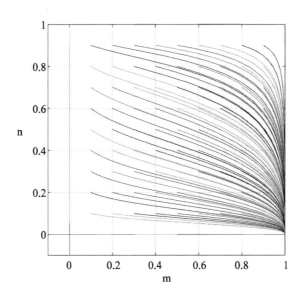

图 2-16　情形 2 下地方政府与集体经济组织的演化路径仿真图

（3）$X + I_1 < C_1$、$Y > C_2$ 时的演化路径仿真分析

取仿真模拟参数 $X = 5$、$Y = 5$、$C_1 = 8$、$C_2 = 3$、$I_1 = 2$、$I_2 = 1$，满足情形 3 的假设，即集体租赁住房与基础设施建设为地方政府带来的经济社会效益 X、I_1 两者之和小于地方政府用于基础设施建设的财政支出 C_1，集体经济组织建设集体租赁住房所得到的经济效益 Y 大于因基础设施不完善造成的收益损失 C_2 时，该系统不存在演化稳定策略，即地方政府与集体经济组织采取积极建设集体租赁住房策略还是怠惰建设集体租赁住房策略都是不确定的。图 2-17 为情形 3 下地方政府与集体经济组织的演化路径仿真图。

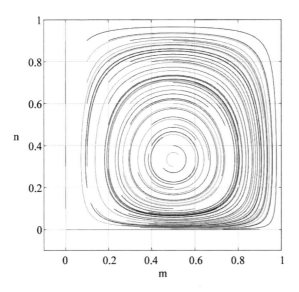

图 2-17 情形 3 下地方政府与集体经济组织的演化路径仿真图

（4）$X + I_1 < C_1$、$Y < C_2$ 时的演化路径仿真分析

取仿真模拟参数 $X = 5$、$Y = 4$、$C_1 = 8$、$C_2 = 5$、$I_1 = 2$、$I_2 = 1$，满足情形 4 的假设，即集体租赁住房与基础设施建设为地方政府带来的经济社会效益 X、I_1 两者之和小于地方政府用于基础设施建设的财政支出 C_1，集体经济组织建设集体租赁住房所得到的经济效益 Y 小于因基础设施不完善造成的收益损失 C_2 时，地方政府与集体经济组织的演化路径聚集在（0，0），意味着"怠惰建设集体租赁住房、怠惰建设集体租赁住房"分别为博弈双方的演化稳定策略，在此情况下，集体租赁住房项目无法建成。图 2-18 为情形 4 下地方政府与集体经济组织的演化路径仿真图。

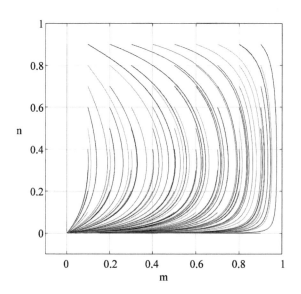

图 2-18　情形 4 下地方政府与集体经济组织的演化路径仿真图

2. 参数 MATLAB 仿真分析

运用 MATLAB 对参数进行仿真模拟，以横轴表示时间 t，设定 $t \in$ （0，10），以纵轴表示博弈主体策略选择的比例，即地方政府选择建设集体租赁住房策略的比例为 m、集体经济组织选择建设集体租赁住房策略的比例为 n，m、$n \in$ （0，1），设定博弈主体策略选择初始比例 $m_0 = 0.5$、$n_0 = 0.3$，分析不同参数变化对系统演化的影响。对各个参数的赋值大小仅表示相应参数之间的相互关系，且在进行仿真模拟时为了明确各参数对系统演化的影响，会采用控制变量的方法，对于单一变量进行不同赋值的同时保持其他参数不变。

（1）集体租赁住房建设为地方政府带来的社会效益 X 对系统演化影响

分别取 $X = 2$、4、6、8，其他参数保持不变，取 $Y = 5$、$C_1 = 4$、$C_2 = 3$、$I_1 = 3$、$I_2 = 2$，观察参数 X 变化对系统演化的影响。

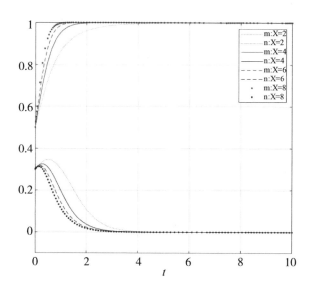

图 2-19　社会效益 X 变化对系统演化的影响

由图 2-19 可知：当集体租赁住房建设为地方政府带来的社会效益 X=2 时，随着时间 t 的推移，地方政府选择积极建设集体租赁住房的比例 m 由 0.5 趋于 1，集体经济组织选择积极建设集体租赁住房的比例 n 由 0.3 趋于 0，表明在此条件下，地方政府与集体经济组织的策略选择分别向"积极建设集体租赁住房"和"怠惰建设集体租赁住房"策略演化；当 X 增大到 4 时，随着时间的推移，地方政府选择积极建设集体租赁住房的比例 m 向 1 演化的速度加快，同时集体经济组织选择积极建设集体租赁住房的比例 n 向 0 演化的速度加快；当 X 增大至 6 时，随着时间的推移，地方政府选择积极建设集体租赁住房的比例 m 向 1 演化的速度持续加快，而集体经济组织选择积极建设集体租赁住房的比例 n 向 0 演化的速度也持续加快；当 X 增大至 8 时，随着时间的推移，地方政府选择积极建设集体租赁住房的比例 m 向 1 演化的速度变得更快，同样地集体经济组织选择积极建设集体租赁住房的比例 n 向 0 演化的速度变得更快。由此得出，在其他参数不变情况下，随着集体租赁住房建设为地方政府带来的社会效益 X 的不断增长，地方政府的策略选择倾向于"积极建设集体租赁住房"，且演化速度不断加快，而集体经济组织的策略选择倾向于"怠惰建设集体租赁住房"，且演化速度不断加快。

（2）集体租赁住房建设为集体经济组织带来的经济效益 Y 对系统演化影响

分别取 $Y=1$、3、5、7，其他参数保持不变，取 $X=6$、$C_1=4$、$C_2=3$、$I_1=3$、$I_2=2$，观察参数 Y 变化对系统演化的影响。

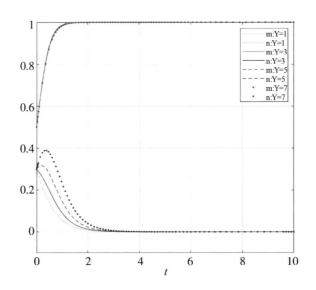

图 2-20 经济效益 Y 变化对系统演化的影响

由图 2-20 可知：当集体租赁住房建设为集体经济组织带来的经济效益 $Y=1$ 时，随着时间 t 的推移，地方政府选择积极建设集体租赁住房的比例 m 由 0.5 趋于 1，集体经济组织选择积极建设集体租赁住房的比例 n 由 0.3 趋于 0，表明在此条件下，地方政府与集体经济组织的策略选择分别向"积极建设集体租赁住房"和"怠惰建设集体租赁住房"策略演化；当 Y 增大到 3 时，随着时间的推移，地方政府选择积极建设集体租赁住房的比例 m 向 1 演化的速度保持不变，而集体经济组织选择积极建设集体租赁住房的比例 n 向 0 演化的速度放缓；当 Y 增大至 5 时，随着时间的推移，地方政府选择积极建设集体租赁住房的比例 m 依旧向 1 演化，同时集体经济组织选择积极建设集体租赁住房的比例 n 向 0 演化的速度继续放缓；当 Y 增大至 7 时，随着时间的推移，地方政府选择积极建设集体租赁住房的比例 m 向 1 演化的速度几乎不变，集体经济组织选择积极建设集体租赁住房的比例 n 向 0 演化的速度逐渐放缓。由此得出，在其他参数不变情况下，随着集体租赁住房建设为集体经济组织带来的经济效益 Y 的不断增长，地方政府的策略选择倾向于"积极建设集体租赁住房"，演化速度几乎无变化，而集体经济组织的策略选择倾向于"怠惰建设集体租赁住房"，演化速度逐渐放缓。

（3）基础设施建设为地方政府带来的经济社会效益 I_1 对系统演化影响

分别取 $I_1 = 1$、3、5、7，其他参数保持不变，取 $X = 6$、$Y = 5$、$C_1 = 4$、$C_2 = 3$、$I_2 = 2$，观察参数 I_1 变化对系统演化的影响。

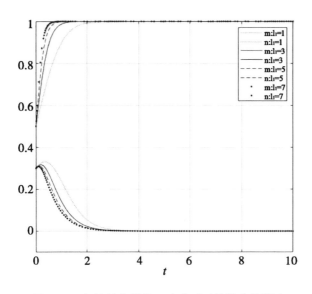

图 2-21　经济社会效益 I_1 变化对系统演化的影响

由图 2-21 可知：当基础设施建设为地方政府带来的经济社会效益 $I_1 = 1$ 时，随着时间 t 的推移，地方政府选择积极建设集体租赁住房的比例 m 由 0.5 趋于 1，集体经济组织选择积极建设集体租赁住房的比例 n 由 0.3 趋于 0，表明在此条件下，地方政府与集体经济组织的策略选择分别向"积极建设集体租赁住房"和"怠惰建设集体租赁住房"演化；当 I_1 增大到 3 时，随着时间的推移，地方政府选择积极建设集体租赁住房的比例 m 向 1 演化的速度加快，同时集体经济组织选择积极建设集体租赁住房的比例 n 向 0 演化的速度加快；当 I_1 增大至 5 时，随着时间的推移，地方政府选择积极建设集体租赁住房的比例 m 向 1 演化的速度持续加快，而集体经济组织选择积极建设集体租赁住房的比例 n 向 0 演化的速度也在加快；当 I_1 增大至 7 时，随着时间的推移，地方政府选择积极建设集体租赁住房的比例 m 向 1 演化的速度变得更快，同样地集体经济组织选择积极建设集体租赁住房的比例 n 向 0 演化的速度变得更快。由此得出，在其他参数不变情况下，随着基础设施建设为地方政府带来的经济社会效益 I_1 的不断增长，地方政府的策略选择倾向于"积极建设集体租赁住房"，且演化速度不断加快，而集体经济组织的策略选择倾向于"怠惰建设集体租赁住房"，且演化速度不断加快。

（4）地方政府用于基础设施建设的财政支出 C_1 对系统演化影响

分别取 $C_1 = 2$、4、6、8，其他参数保持不变，取 $X = 6$、$Y = 5$、$C_2 = 3$、$I_1 = 3$、$I_2 = 2$，观察参数 C_1 变化对系统演化的影响。

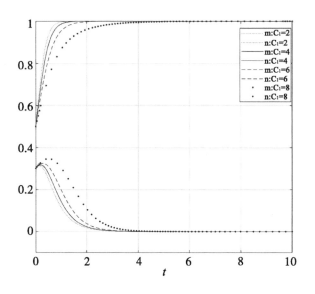

图 2-22　财政支出 C_1 变化对系统演化的影响

由图 2-22 可知：当地方政府用于基础设施建设的财政支出 $C_1 = 2$ 时，随着时间 t 的推移，地方政府选择积极建设集体租赁住房的比例 m 由 0.5 趋于 1，集体经济组织选择积极建设集体租赁住房的比例 n 由 0.3 趋于 0，表明在此条件下，地方政府与集体经济组织的策略选择分别向"积极建设集体租赁住房"和"怠惰建设集体租赁住房"策略演化；当 C_1 增大到 4 时，随着时间的推移，地方政府选择积极建设集体租赁住房的比例 m 向 1 演化的速度放缓，同时集体经济组织选择积极建设集体租赁住房的比例 n 向 0 演化的速度也在放缓；当 C_1 增大至 6 时，随着时间的推移，地方政府选择积极建设集体租赁住房的比例 m 向 1 演化的速度持续放缓，同样集体经济组织选择积极建设集体租赁住房的比例 n 向 0 演化的速度持续放缓；当 C_1 增大至 8 时，随着时间的推移，地方政府选择积极建设集体租赁住房的比例 m 向 1 演化的速度依旧放缓，同样地集体经济组织选择积极建设集体租赁住房的比例 n 向 0 演化的速度放缓。由此得出，在其他参数不变情况下，随着地方政府用于基础设施建设的

财政支出 C_1 的不断增长，地方政府的策略选择倾向于"积极建设集体租赁住房"，演化速度不断放缓，而集体经济组织的策略选择倾向于"怠惰建设集体租赁住房"，演化速度不断放缓。

（5）基础设施不完善给集体经济组织造成的收益损失 C_2 对系统演化影响

分别取 $C_2=1$、3、5、7，其他参数保持不变，取 $X=6$、$Y=5$、$C_1=4$、$I_1=3$、$I_2=2$，观察参数 C_2 变化对系统演化的影响。

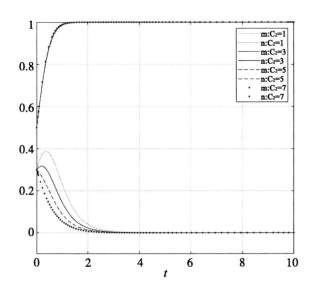

图 2-23 收益损失 C_2 变化对系统演化的影响

由图 2-23 可知：当基础设施不完善给集体经济组织造成的收益损失 $C_2=1$ 时，随着时间 t 的推移，地方政府选择积极建设集体租赁住房的比例 m 由 0.5 趋于 1，集体经济组织选择积极建设集体租赁住房的比例 n 由 0.3 趋于 0，表明在此条件下，地方政府与集体经济组织的策略选择分别向"积极建设集体租赁住房"和"怠惰建设集体租赁住房"策略演化；当 C_2 增大到 3 时，随着时间的推移，地方政府选择积极建设集体租赁住房的比例 m 向 1 演化的速度不变，而集体经济组织选择积极建设集体租赁住房的比例 n 向 0 演化的速度加快；当 C_2 增大至 5 时，随着时间的推移，地方政府选择积极建设集体租赁住房的比例 m 依旧向 1 演化，同时集体经济组织选择积极建设集体租赁住房的比例 n 向 0 演化的速度继续加快；当 C_2 增大至 7 时，随着时间的推移，地方政府选择积极建设集体租赁住房的比例 m 向 1 演化的速度仍旧不变，而集体经济组织选择积极建设集体租赁住房的比例 n 向 0 演化的速度依旧加快。由此得出，在其他参数不变情况下，随着基础设施不完善给集体经济组织造成的收益损失 C_2 的不断增长，地方政府的策略选择倾向于"积极建设集体租赁住房"，演化速度变化不明显，而集体经济组织的策略选择倾向于"怠惰建设集体租赁住房"，演化速度逐渐加快。

3. 仿真结果

通过对博弈参数进行仿真，可以得出随着集体租赁住房建设为地方政府带来的社会效益 X、基础设施建设为地方政府带来的经济社会效益 I_1、地方政府用于基础设施建设的财政支出 C_1 参数数值的增大，地方政府倾向于选择积极建设集体租赁住房策略，而集体经济组织倾向于采取怠惰建设集体租赁住房策略。但三参数数值的增大对博弈系统演化速度的影响并不相同，X、I_1 数值的增大使得演化速度不断加快，而 C_1 数值的增大使得演化速度逐渐放慢。

集体租赁住房建设为集体经济组织带来的经济效益 Y、基础设施不完善给集体经济组织造成的收益损失 C_2 参数数值的变化对地方政府策略选择的影响较小，地方政府向积极建设集体租赁住房策略演化的速度基本不变；但是两参数数值的变化对集体经济组织策略选择影响明显，经济效益 Y 数值的增大使得集体经济组织向怠惰建设集体租赁住房策略演化的速度逐渐放缓，而收益损失 C_2 数值的增大使得集体经济组织向怠惰建设集体租赁住房策略演化的速度不断加快。

第三章　集体建设用地租赁住房建设项目选址

第一节　集体建设用地租赁住房对选址的要求

一、集体建设用地租赁住房需求对象

集体建设用地租赁住房主要面向的人群为城市流入人口和中低收入人群。城市流入人口具体划分为城市外来务工人员及新落户的大学毕业生等人群，该类群体的主要特征为收入不高，大多来自农村地区、中低收入人群，在市区内生活工作，但由于收入较低，无法承受城市内高昂的房价，因而青睐于城中村或城乡接合部的廉价出租房。有些试点项目对中低收入群体的收入标准做出了界定，如北京市在早期的唐家岭集体租赁住房项目进行配租时做出规定，一方面应为具有北京户籍的城镇中低收入家庭，另一方面家庭成员在 3 个人以下，需要满足家庭年收入不超过 10 万元，如果家庭成员为 4 人及以上，需要满足家庭年收入不超过 13 万元。

二、集体建设用地租赁住房建设特征

1. 用地限制性

集体建设用地租赁住房建设的用地类型为集体土地。用地来源以集体存量建设用地为主，原则上不得占用耕地。这样一方面可以缓解国有建设用地供地不足的状况；另一方面可以有效盘活农村闲置低效的集体土地，加快土地资源流转，壮大集体经济组织，增加农民收益。根据集体建设用地租赁住房需求对象和土地的稀缺性特征，集体建设用地租赁住房建设地块的选择一般为产业园区附近或城中村及城乡接合部地区，因此在用地选址方面受到一定限制。

2. 尊重民主意愿，保障农民权益

依据《试点方案》要求，集体租赁住房的建设必须尊重民主意愿。集体租赁住房试点项目必须经过集体建设用地所有权人集体经济组织成员的讨论，取得三分之二及以上的成员同意之后，才可以开展集体租赁住房的建设；制定的集体租赁住房项目收益分配方案同样须经过集体经济组织成员代表大会的讨论通过，才能进行收益分配。因此，集体租赁住房的建设必须充分体现集体经济组织成员的意愿，反映成员的诉求。获得集体租赁住房收益的使用，一般要用于发展集体经济组织的事业，提高农民生活水平。

3. 开发运营多元化

《试点方案》要求完善集体建设用地租赁住房建设和运营机制，可以由集体经济组织自行开发建设与运营，也可以通过联营、入股等方式建设运营。在实际试点过程中，又展现出多种开发运营模式，如企业单独开发集体土地租赁住房模式、政府主导开发集体土地租赁住房模式。集体租赁住房的运营模式，因开发模式的不同而有所不同。

三、集体建设用地租赁住房项目对选址的需求

集体租赁住房项目必须建立在集体建设用地上，以存量集体建设用地为主，具备基本住房建设条件，不可占用耕地特别是永久基本农田进行集体租赁住房建设，而且土地权属要清晰，没有争议。

为满足正常的居住功能要求，集体租赁住房的选址需综合考虑地块周边的交通、基础设施等区位因素。集体租赁住房项目地块如果位于城市的地铁出入口、公交站等交通便捷的区域，再加之具有完善的医疗、教育、餐饮、商业服务等配套设施，将会给承租者的生活、工作带来极大的便利，容易吸引大量承租者入住。

项目所占用的集体建设用地要符合各级国土空间规划、村庄规划等相关规划的要求，且地块无控制性详细规划覆盖，所选地块应规模适中、易于操作、便于开发。

在外来人口流入多和产业园区集聚度高的地区，房屋租赁市场需求比较旺盛，供求矛盾表现得更为突出。集体租赁住房项目的建设以满足房屋租赁需求为目标，确定项目开发地块的选址与项目布局，优先将项目设置在具有一定区位优势、人口净流入多、具备一定规模的产业园区等租赁需求旺盛的地区，保障租赁住房市场的供需平衡，避免阶段性供给不足或房屋租赁供给过剩问题的产生。

第二节 集体建设用地租赁住房选址影响因素

一、政策因素

集体租赁住房从选址、供地到施工建设、投入运营，具有建设周期长、资金回收慢、受政策导向性影响强等特点。房屋租赁属于市场经济活动，受供需机制及价格机制调节，市场波动大，因此集体租赁住房项目存在着一定的运营风险。政府在项目选址时应严格把关，不能只顾眼前利益，确保在合理适宜的地带选址建设集体租赁住房。同时要保证政策的连续性，给予集体租赁住房项目稳定的政策扶持。

部分试点城市对于集体租赁住房试点项目用地的准入条件限制比较严格。例如沈阳、郑州、厦门、成都、福州、贵阳、海口、南昌、青岛等试点城市均明确要求集体租赁住房试点项目用地来源为存量集体建设用地。厦门市提出"原则上不得占用耕地，如果遇到集体建设用地中插花农用地等情况，可采取增减挂钩的方式对用地布局进行优化"。广州市对集体租赁住房项目用地来源做了较为详细的规定，规定了五种情形的用地可以用作集体租赁住房的建设。肇庆市鼓励利用留用地建设集体租赁住房试点。合肥市鼓励现有集体建设用地上，属集体经济组织或村民合法闲置的房屋进行出租等。福州、青岛等市则要求集体租赁住房试点项目在政府批准供地前，必须以形成"净地"作为试点项目的准入条件。

政府管理水平。在政府管理水平高、服务能力强的试点城市，能够确保集体建设用地租赁住房试点项目规范发展、不走样。利用集体建设用地建设租赁住房项目，涉及民生和城市公共安全，依托于政府部门的质量安全监督管理，必须实行规范审批、严格质量管理。

二、规划因素

集体建设用地租赁住房建设项目的选址建设应符合各级国土空间规划的要求，选择属于国土调查中的现状集体建设用地，严格遵照土地用途管制，或可通过控制性详细规划调整为居住用地。集体租赁住房项目选址需要对照《城市居住区规划设计标准》，以及国家和地方控制性详细规划相关用地指标规范标准的要求，明确项目选址的基本原则和强制性规定。如，根据城市居住区规划设计标准，居住用地选址不得在具有滑坡、泥石流、山洪等自然灾害威胁的地块，与危险化学品及易燃易爆品等危险源的距离，必须满足有关安全规定；避让噪声与光污染地区和土壤污染地块。同时，需要满足城市公共绿地指标的要求等。

三、经济因素

集体经济组织的经济实力。有些集体经济组织的区位优势明显，资金积累较为丰厚，渴望寻求较好的资产增值的渠道，而通过集体租赁住房项目建设，村民参与到集体土地的开发和经营中，以获得长期稳定的收益，不断壮大集体经济。

市场需求状况。租赁住房市场需求旺盛的地区有着较好的租赁消费空间，适合建设集体租赁住房。外来人口少，租赁住房市场供给过剩的地区则不适宜建设集体租赁住房。

四、就业因素

若租赁住房目标客户群定位为以城市流入人口为主的"新市民",受到流入人口就业的影响,集体租赁住房项目选址可以结合城市的产业发展分布进行考量。项目邻近外来务工人群较多的产业园区,一方面能够有效地解决园区内务工人员的居住问题,促进职住平衡,另一方面也能使这些外来务工人员缩短通勤的时间,降低出行的成本。

目前,多数试点城市面临着新一轮城市功能的更新升级。为了解决城市交通拥堵、人口分布不合理的问题,优化产业结构,需要将部分非核心功能向外疏解。根据不同试点城市的人口规模和产业布局,向外疏解的区域一般集中在城中村和城乡接合部地区,单纯郊区型的城市功能疏解不多,这使得城中村和城乡接合部地区成为城镇化建设和产业发展的新增长极。围绕城市周边的新城区和产业园区,通过集体租赁住房建设,可以较好地解决这些区域新增外来流入人口的住房问题。

五、配套设施因素

完善的城市居住配套设施可以更好地满足人们的正常居住生活需求,降低生活成本。配套设施通常包括餐饮、教育、医疗卫生、商业服务、金融邮电、文化体育、行政管理和市政公用等方面。集体租赁住房的目标客户群多为外来流入人口和中低收入人群,他们对基础设施的依赖性普遍较强,如果集体租赁住房的选址能够充分考虑居住区周边的基础设施和公共配套,注重居住人群的生活便利性,满足居住者在购物、餐饮、教育、医疗等方面的需求,同时又能够提高配套设施的使用效率,那就可以降低集体租赁住房的建设资金压力和运营成本。

六、交通因素

城市内短距离出行可供选择的交通方式有私家车、公共交通、非机动车、步行。城市外来流入人口和中低收入群体由于自身经济实力限制，对公共交通的依赖性较强，公共交通成为其出行的主要交通方式。城市公共交通一般包括轻轨、地铁、公共汽车等，其相对低廉的票价和稳定高效的运力为外来流入人口和中低收入群体出行，尤其是上下班通勤提供了便利条件。交通的便捷性指交通工具的数量、速度、稳定性、道路通达度。因此，便捷的交通条件备受青睐。集体租赁住房的选址可以结合公共交通的规划布局，根据轨道交通路线、公交路线等进行选择，紧邻轨道交通的站点、公交站点、快速路和主干道等，方便承租人群的出行。

七、自然因素

伴随着城市的发展和建设，对于自然因素的影响一般均较为重视。城市建设的选址也以自然因素为主。因此，对于居住地块的选址，也受到自然环境优劣的重要影响。大气、水环境、地形地貌等因素都是居住区建成与发展的先决条件。人们对于美好环境的追求进一步加强，着眼在有限的城市生活圈寻求对于环境的渴望，城市绿地、城市公园、城市河流作为自然景观的替代品为人们所追求，靠近这些资源的城市空间对于人们有着更大的吸引力，能够满足人们对于自然环境的需求。低收入群体是社会上的弱势群体，很难享受到这些稀缺的城市资源。集体租赁住房在选址时也要考虑项目和城市公园、绿地等的协调关系，以提高房屋租赁群体对于社会公共资源的获得感。

八、社会因素

由于城中村和城乡接合部有着优越的区位条件，加之土地、房屋建设和管理成本低，对租金敏感的"新市民"及当地中低收入群体有强烈的吸引力。在持续旺盛的房屋租赁市场需求面前，受租赁房屋收益等经济利益驱动，在集体建设用地上出现较多擅自私搭乱建出租房屋，不同程度地带来环境脏乱差、社会治安严峻等诸多社会问题。因此，这类区域可通过建设集体租赁住房项目，改造原有脏乱差等环境，从而提供安全、稳定、有序、干净的租住环境，既满足当地村民的经济收益需求，同时又保障承租人的居住权益，减少由非法出租带来的安全隐患。

集体经济组织的建设意愿对项目选址的影响同样不可忽视。如果村集体经济组织内存在一定规模闲置、低效的集体建设用地，该部分集体建设用地产生的经济收益较低的话，则可以建设集体租赁住房，这样一方面盘活集体建设用地，促进农村集体土地资源的节约集约利用，提升城乡土地利用效率，使得集体经济组织主动融入城市建设；另一方面，集体租赁住房的租金收入将成为集体经济组织和农民的一个持续、稳定的收入来源，可以增加集体和村民的财产性收入，壮大集体经济，实现城乡融合发展。然而，在那些区位条件好、基础设施完善、交通便利的地方，集体经济组织建设集体租赁住房的意愿并不高，究其原因，往往由于集体租赁住房项目的回收率低、投资回收期长的问题无法在短期内改变，集体经济组织普遍更倾向于通过政府的集体土地征收获得一次性较高的征地补偿。

第三节　集体建设用地租赁住房选址
适宜性评价

一、选址适宜性评价的原则

1. 系统性与典型性

集体租赁住房具有政策保障性，加之租赁对象多为中低收入群体，因此在项目选址上不能由单一因素决定。为了充分发挥集体租赁住房的保障性，选址时需综合考虑政治、经济、社会、自然等多个因素后做出决策。在评价分析过程中，从整体的各因素之间的相互影响入手，同时不能忽略单个因素的影响，要保证整体的决定和局部的影响，通过评价指标选取的典型性和评价体系的系统性来保证集体租赁住房在空间选址时的科学性。

2. 可比、可操作、可量化性

评价对象相互之间的比较，必须把主观的认知转化到客观的实际层面上来，也就是说评价对象之间应该有一个共同的衡量标准来进行相互之间的比较。通过对评价指标的定位来反映评价对象之间的差别，以此来决定评价对象之间的优先级。为了使衡量标准实现量化可比，指标应尽可能选取广受认可的标准和概念，指标的选择要具有一定的可操作性。

3. 动态性与综合性

集体租赁住房作为城市房地产市场体系建设的一部分并不是一成不变的，城市的扩张、经济社会的发展、人类文明的进步，都会影响集体租赁住房选址因素的改变，需要淘汰一部分已经不再适合决定集体租赁住房选址的因素。同时，伴随着一些新出现的能够决定选址的因素来完善选址评价体系，也就是说评价体系的影响因素选择是动态的，那么评价体系也就是动态的。集体租赁住房影响因素选取要综合考虑多方面的因素作用，环境、生态、经济、社会都可能决定集体租赁住房的选址。

二、选址适宜性评价模型

1. 选址适宜性评价模型的构建

影响集体租赁住房选址的因素较多，为了能够明确地反映出各因素对于选址目标影响程度的差异，从而突出主要影响因素的作用，采用多因素综合加权评价模型作为集体租赁住房选址适宜性综合评价的评价模型。通过各个评价因子的分值乘以该因子的权重得到该因子的权重分值，然后将各因子指标的权重分值相加，得到某一评价因素的分值。将该指标体系内各个因素分值乘以其相对应的权重值，得到某一因素的权重分值，将各评价因素的权重分值相加即得到集体租赁住房用地选址适宜度的综合评价分值。

$$P_i = \sum_{j=1}^{n} F_{ij} W_{ij} \qquad (3.1)$$

式中：

P_i：i 因素的分值

F_{ij}：i 因素中第 j 个因子的评价值

W_{ij}：i 因素中第 j 个因子的权重值

n：i 因素中评价因子的个数

再假定 P 为集体租赁住房用地选址适宜度的综合评价分值，P_i 为第 i 个因素的评价分值，W_i 为第 i 个因素的权重值，m 为总因素的个数，所以集体租赁住房用地选址适宜度综合评价分值由各因素评价分值累加求得：

$$P = \sum_{i=1}^{m} P_i W_i \qquad (3.2)$$

上述即为集体租赁住房用地选址适宜度评价的基本原理。

2. 评价指标权重的确定

应用多因素综合评价法建立集体租赁住房选址适宜性评价模型，如何综合权衡各个影响因素，要求在选取适宜性评价因子的同时对所选因子赋予一定权重。权重越大，该因子对评价对象的重要性越大。目前，确定各因素权重值的方法大致可分为两类：一类是主观赋权法，如层次分析法、德尔菲法等；另一类是客观赋权法，即根据各样本指标间的相关关系或各项指标的变异程度来确定权重，如主成分分析法、因子分析法等。

在集体租赁住房地块选址中采用层次分析法，将决策者的主观判断与实践经验导入模型，加以量化处理，充分发挥决策层经验丰富的优势。尤其是对于各个评价指标权重因子的确定，层次分析法是一种非常有用的工具。但层次分析法也有明显的局限性，它只能在给定的策略中选择最优的，而不能给出新的策略。所用的评价体系需要有专家系统的支持，如果给出的指标不合理，则得到的结果也就不准确。

层次分析法

a 构造判断矩阵

判断矩阵，指在层次结构模型中，针对上一层次某元素来说，本层次有关元素之间相对重要性的比较。在建立递阶层次之后采用比例标度对同一层次的元素，进行两两比较并得一分。通过组织多位专家进行各自独立的评打分，取均值后确定两级评价层的参数，形成一个两两元素比较矩阵。用表 3-1 的标度打分，可以得到判断矩阵。

表 3-1 判断矩阵 1—9 比率标度及其含义

标度	含义
1	两个因素相比，具有相同的重要性
3	两个因素相比，一个因素较另一因素明显重要
5	两个因素相比，一个因素较另一因素强烈重要

标度	含义
7	两个因素相比，一个因素较另一因素强烈重要
9	两个因素相比，一个因素较另一因素极端重要
2、4、6、8	上述相邻两判读的中值
倒数	表示元素 i 和 j 重要性之比得 a_{ij}，则元素 j 与 i 的重要性之比得 $a_{ji} = 1/a_{ij}$

$$A_n * n = \begin{pmatrix} a_{11} & \cdots & a_{1n} \\ \vdots & \ddots & \vdots \\ a_{n1} & \cdots & a_{nn} \end{pmatrix} \tag{3.3}$$

b 层次单排序

层次单排序是指根据判断矩阵计算对于上一层元素而言，本层次与有联系的元素相对重要性次序的权重。层次单排序需要计算判断矩阵 A 的特征根和特征向量，即满足 $A \cdot W = \lambda_{max} \cdot W$（取正规化特征向量），其分量 A_i 为相应元素排序的权值。计算判断矩阵特征根的方法很多，此处只介绍和积法，其计算步骤如下：

①将判断矩阵 A 的每一列正规化，即：

$$ij = aij / \sum_{k=1}^{n} a_{kj} \qquad (i, j = 1, 2, \cdots, n); \tag{3.4}$$

②把每一列都归一化后的判断矩阵按行相加为

$$Wi = \sum_{j=1}^{n} ij \tag{3.5}$$

③对 W_i 归一化；

④计算判断矩阵的最大特征根：λ_{max}；

⑤计算判断矩阵的随机一致性比值，检验判断矩阵的一致性：

$$CR = CI/RI \tag{3.6}$$

其中

$$CI = \frac{\lambda_{max} - n}{n - 1} \tag{3.7}$$

式中，CI 为一致性指标，RI 为随机一致性指标，n 为矩阵阶数，

RI 值如表 3-2 所示。

表 3-2 平均随机一致性指标 RI

阶数	1	2	3	4	5	6	7	8	9	10
RI	0.00	0.00	0.58	0.90	1.12	1.24	1.32	1.41	1.45	1.49

当 $CR<0.1$ 时，即认为判断矩阵具有满意的一致性，否则需要调整判断矩阵，使之具有满意的一致性。

3. 评价指标的量化与分值的确定

为了使建立的各个评价因子的量化数值具有可比性，避免不同的评价指标由于量纲不同及度量数值相差悬殊的问题，就需要给它们设置相同量纲下的分值等级划分体系。集体建设用地租赁住房选址适宜性评价研究中，采用通过约定的原则，将所有评价分值等级分为四级，适宜居住为 4 分，较为适宜居住为 3 分，较不适宜居住为 2 分，不适宜居住为 1 分。

4. 评价结果的分析

通过集体租赁住房项目建设选址的适宜性评价，通过计算得出的集体租赁住房选址适宜度的综合评价分值将代表被评价地块作为集体租赁住房用地建设适宜程度高低。综合评价分值越大的集体建设用地，越适宜作为集体租赁住房建设用地；反之，评价分值越小的集体建设用地，则不适合作为集体租赁住房建设用地进行选用。

三、评价指标选取与分级

集体租赁住房项目选址由经济、就业、配套设施、交通、社会等多种因素共同影响着。集体租赁住房选址适宜性评价指标的选取既要满足基本居住要求，同时还要体现对中低收入群体的福利性。基于此，从社会公平性、经济性及住房租赁人群的福利性角度出发，综合以往研究成果的指标体系，分析归纳出集体租赁住房选址主要影响因素，按照指标选址原则选取四大类八项指标作为集体租赁住房选址适宜性评价体系。

（1）就业因素

选取产业园区作为就业因素的评价指标，以居住地至产业园区的直线距离为计算标准，按1公里、5公里、10公里距离分为四级，分值最高为4，最低为1，如表3-3所示。

表3-3　就业因素评价指标

评价因素	评价标准	分值
产业园区	距离≤1公里	4
	1公里<距离≤5公里	3
	5公里<距离≤10公里	2
	距离>10公里	1

（2）交通因素

《城市居住区规划设计标准》（GB50180-2018）中提出的五分钟生活圈居住区的步行距离是300米，十分钟生活圈居住区的步行距离是500米，十五分钟生活圈居住区的步行距离是800—1000米。所以，在对公交站点评价因子进行分级量化时可以按照生活圈步行距离为参照，即以距离300米、500米和1000米作为标准分为四级，分值最高为4，最低为1，如表3-4所示。

表3-4　交通因素评价标准

评价因素	评价标准	分值
公交站点	距离≤300米	4
	300米<距离≤500米	3
	500米<距离≤1000米	2
	距离>1000米	1

评价因素	评价标准	分值
地铁口	距离≤300 米	4
	300 米<距离≤500 米	3
	500 米<距离≤1000 米	2
	距离>1000 米	1

（3）自然因素

根据公园绿地及河流湿地可达性，自然因素在评价体系中的量化以居住地到城市公园绿地及河流湿地的步行时间为划分条件，以五分钟、十分钟、十五分钟生活圈所提出的步行距离为标准进行评分，距离越小，选址优先级增加，分值最高为4，最低为1，如表3-5所示。

表3-5 自然因素评价标准

评价因素	评价标准	分值
公园绿地	距离≤300 米	4
	300 米<距离≤500 米	3
	500 米<距离≤1000 米	2
	距离>1000 米	1
河流湿地	距离≤300 米	4
	300 米<距离≤500 米	3
	500 米<距离≤1000 米	2
	距离>1000 米	1

（4）配套设施因素

《城市居住区规划设计标准》（GB50180-2018）中提到五分钟生活圈居住区的步行距离是300米，十分钟生活圈居住区的步行距离是500米，十五分钟生活圈居住区的步行距离是800—1000米，所以在对配套设施涉及的医疗卫生、教育、商业服务等因子进行分级量化时以距离300米、500米和1000米作为标准分为四级，分值最高为4，最低为

1，如表 3-6 所示。

表 3-6　配套设施因素评价标准

评价因素	评价标准	分值
医疗卫生	距离≤300 米	4
	300 米<距离≤500 米	3
	500 米<距离≤1000 米	2
	距离>1000 米	1
教育	距离≤300 米	4
	300 米<距离≤500 米	3
	500 米<距离≤1000 米	2
	距离>1000 米	1
商业服务	距离≤300 米	4
	300 米<距离≤500 米	3
	500 米<距离≤1000 米	2
	距离>1000 米	1

四、适宜性评价

根据建立的评价指标体系和权重计算方法，针对每一个具体的拟建集体租赁住房项目地块选址进行就业因素、交通因素、自然因素、配套设施因素等指标权重的计算，同时进行各影响因素指标的单因素评价打分，之后运用多因素综合加权评价模型进行每一个地块的适宜性分值计算，根据计算的适宜性评价分值结果最终确定是否进行集体租赁住房项目建设地块。通过适宜性评价，能够避免盲目进行集体租赁住房项目的选址，注重选址的科学性，能够较好地保证集体租赁住房建设及运营效果。同时，也能为政府在开展集体租赁住房项目建设中，有针对性地完善项目区周边的公共服务等配套设施。

第四章　集体建设用地租赁住房建设开发与运营

第一节　集体建设用地租赁住房开发模式

根据《试点方案》要求，要完善集体租赁住房建设和运营机制，村镇集体经济组织可以自行开发运营，也可以通过联营、入股等方式建设运营集体租赁住房。总结各试点城市集体租赁住房项目的开发情况，集体建设用地租赁住房开发模式主要有三种：集体经济组织自行开发模式、集体经济组织入股开发模式、企业单独开发模式。

一、集体经济组织自行开发模式

由于各试点城市中不同乡（镇）、村的实际情况不同，在具体的开发过程中，申报主体既可以是镇级集体经济组织，也可以是村级集体经济组织。根据现有的相关政策法规，利用集体建设用地开发建设集体租赁住房，若直接以集体经济组织的身份作为开发主体去建设集体租赁住房项目并不合适，一般集体经济组织通过成立房地产开发公司，以公司的名义开发租赁住房。因此，集体经济组织自行开发模式主要是指集体经济组织自行成立房地产开发公司，以该开发公司为主体，在集体建设用地上开展集体租赁住房的规划、设计、开发建设等行为。

集体经济组织自行开发模式一般具有以下优势：第一，集体经济组织作为开发地块的土地所有权人，同时也是集体租赁住房开发主体，在集体租赁住房开发时，可以更多地考虑经济组织内部成员的需求，更好地保障成员的切身利益；第二，村民作为集体经济组织中的一员，长期以来生活在同一个社区环境里，彼此之间非常了解，在开发建设集体租赁住房过程中，集体经济组织便于管理；第三，由于开发主体单一，只有集体经济组织及其创办的开发企业，因此在项目收益分配上，集体经济组织与村民可以分配到更多的收益。

然而，这一开发模式也不可避免地存在着缺点：第一，集体租赁住房项目开发如同房地产项目开发一样，对开发建设的资金需求多，导致集体经济组织筹资压力较大。集体经济组织自身经济实力有限，在集体租赁住房项目开发建设中往往需要投入大量资金，且目前利用集体建设用地使用权申请银行抵押贷款尚不符合相关规定，因此集体经济组织面临着巨大的建设资金压力。第二，抵御风险能力较弱。集体租赁住房项目建成后只能用于房屋租赁，由于住宅租赁的租金普遍不高，且受到房屋租赁市场的影响较大，导致开发投资收益不高，投资回收期长。一旦集体租赁住房项目在建设或运营时出现问题，无法进行房屋租赁业务，建设投资就难以收回，存在一定的投资风险。第三，开发和运营管理能力不强。集体经济组织不是专业的房地产开发公司，虽然自身创办了房地产开发企业作为主体进行开发，但是其企业成员大多来自村集体内部，在集体租赁住房项目开发上缺乏相关经验，受管理人员自身素质和业务能力的制约，租赁住房项目开发及运营管理能力较弱，风险识别能力不足，极易产生租赁住房因管理和运营不善，导致收益不稳定和降低的风险。

在集体租赁住房项目土地获取方式上，集体经济组织自行开发建设集体租赁住房，土地来源一方面为闲置的集体建设用地，另一方面为集体经营性建设用地。针对原有的集体经营性建设用地，通过集体经济组织与原有用地企业的协商，给予原有用地企业一定的经济补偿，将其整理规划为集体租赁住房项目用地。还有在规划范围内的农民宅基地，可以采用集体建设用地的入股方式，将这部分土地入股，量化为农民个人的股份，每年按照股份给予农民租金收益，对于农民宅基地上现有住宅房屋需要拆除的，应该给予宅基地使用权人一定的经济补偿，"三权分置"也为宅基地入股提供了便利条件。

以北京唐家岭集体建设用地租赁住房项目为例，该项目开发采用了集体经济组织自行开发模式。首先，该村集体首先创立了北京众唐兴业房地产开发有限公司，该公司由唐家岭集体经济组织全权持股；其次，在项目的开发资金筹措方面，受当时北京市的政策限制，其无法通过正规渠道获得银行相关贷款，最后通过集体经济组织自筹建设资金进行项目建设；最后，在收益分配上，根据村集体和集体经济组织成员持有的股份份额，按照股份份额进行收益分红。

二、集体经济组织入股开发模式

集体经济组织入股开发模式主要是指集体经济组织以集体建设用地使用权评估作价入股，与相关企业合作成立新的开发公司，合作企业进行开发建设资金投资，企业以资金入股，开发集体租赁住房项目。建成后的集体租赁住房所有权归联合成立的公司所有，参与合作的企业一般以国有企业为主，联合成立的公司负责项目投资、建设、运营管理。在股权分配上，为保障集体经济组织权益不被侵犯，部分试点城市要求集体经济组织必须占有一半以上的股份，合作企业的持股比例不得高于50%。在收益分配上，按照保底收益与分红收益相结合的原则对集体经济组织和合作企业进行收益分配，以保证农民基本收益不受损和合作企业的合作开发收益。由于集体经济组织的自有资金很难独立完成集体租赁住房项目，前期项目启动建设和项目配套建设需要资金较大，大部分试点城市按照各取所需的原则，积极鼓励集体经济组织和企业进行合作开发，为了降低集体经济组织在合作开发中的入股风险，地方政府要求合作企业须是具有雄厚资金实力的企业，国企普遍受到欢迎。

相较于集体经济组织自行开发建设模式，入股合作开发模式存在较多优点：第一，集体经济组织融资压力大幅减轻，在与企业合作开发后，集体租赁住房项目建设资金主要来源于合作企业的投资；第二，与集体经济组织合作的企业，具有较为丰富的项目开发建设经验，拥有专业的开发投资团队，开发、运营及管理能力较强；第三，多主体共同开发建设集体租赁住房项目，抵抗各类风险能力大幅增强。同样，入股合作开发模式不可避免地存在着一定的缺点：第一，集体经济组织的集体租赁住房项目收益有所降低，合作企业入股参与项目开发，在收益分配时必然要求按照占股比例得到合理的投资回报，集体经济组织可获得的收益空间随之缩小；第二，存在一定的协调管理问题，采取合作的方式共同开发集体租赁住房项目，合作双方势必要针对多方面问题进行协商，并期望达成一致，如拆迁安置、经济补偿、运营管理、收益分配等方面，相对于单一主体开发模式，合作双方在上述问题协商上需要投入一定的时间、精力，且存在因协商不一致导致集体租赁住房项目无法开展的风险。

例如，武汉市江夏区藏龙岛集体租赁住房建设项目，项目所在地的小李村提供30亩集体建设用地进行集体租赁住房开发建设，并通过该30亩集体土地的价值评估，以评估额作价入股的方式与国企藏龙集团进行合作，成立合资公司开发集体租赁住房项目。该合资公司的股份配置中，根据政策要求，小李村村委会作为集体土地所有权人，持有该合资公司的51%的股份，藏龙集团则持有49%股份。

三、企业单独开发模式

企业单独开发模式是指集体经济组织将集体建设用地使用权经过入市流转给企业，企业利用集体建设用地进行集体租赁住房开发建设，涉及的企业包括国有企业和民营企业。企业通过与集体经济组织签订集体建设用地使用权协议出让合同，获得该部分集体建设用地一定年限的使用权，即成为合法的使用权人，并向集体经济组织支付集体土地使用权出让金。集体租赁住房项目建成后，由建设企业在规定的期限内进行集体租赁住房的整体运营和管理，获得的收益全部归开发企业所有，但要求开发企业不得将集体租赁住房进行分拆确权、转让、抵押、分割销售。这一模式下，土地获取方式为协议出让集体建设用地的使用权。2018 年 3 月 6 日，《北京市大兴区协议出让集体经营性建设用地使用权建设集体租赁住房意向书公示》，该公示内容提到集体经济组织以协议的方式向 4 家全资国有或集体企业出让集体建设用地使用权用以建设集体租赁住房项目。

企业单独开发模式存在以下优势。第一，集体经济组织不承担项目开发经营风险。这种模式下，集体经济组织可以得到一次性高额土地使用权出让补偿收益，不需承担项目开发建设的任何风险。第二，企业开发能力强。企业单独开发，可根据企业自身实力及租赁住房市场状况进行整体的规划设计和定位，推进开发进程，完成整个集体租赁住房的开发活动。目前采用单独进行开发模式的企业主要为国有企业，它有较强的经济实力，具备较好的开发能力。同样，企业单独开发模式也存在着不足之处：集体经济组织虽然一次性拿到了集体建设用地使用权出让的收益，但失去了获得长期稳定收益的机会，村民后期的生产生活可能缺乏保障；开发企业在土地使用权到期后，如果无法收回投资，势必会与集体经济组织进行协商，要求继续以集体土地使用权再次出让获得该项目的持续经营权，或者对地上建设的房屋向集体经济组织索要一定的补偿。

以北京市西红门镇项目为例。该项目是北京市首批通过协议出让集体建设用地使用权方式来进行集体租赁住房开发的项目。西红门镇集体租赁住房项目用地面积为 5.43 公顷，约为 81.5 亩，经过集体建设用地使用权入市交易，设定的使用权出让年限为 40 年，该部分用地使用权协议出让价格为 7.71 亿元，由北京海港房地产开发有限公司取得。

第二节　集体建设用地租赁住房运营模式

一、集体建设用地租赁住房运营模式

集体建设用地租赁住房运营模式可以分为开发主体自主运营模式、纳入政府保障房体系并交由政府运营模式、委托专业房屋租赁运营机构负责运营管理等三种模式。

1. 开发主体自主运营模式

由于集体租赁住房自主开发模式不同，这一模式下又可细分为三种情况：第一种是集体经济组织自行开发集体租赁住房，由集体经济组织创立的开发公司自己运营模式。这种模式下，集体经济组织既是土地和房屋的所有者，又是集体租赁住房的建设者和出租者，承租人只需与集体经济组织签订房屋租赁协议，法律关系较为明确。由于集体经济组织创立的公司存在人员变化大、缺乏市场运作经验、经营能力弱等问题，在集体租赁住房项目运营上存在一定困难，极易产生运营管理风险。第二种是集体经济组织与企业合作入股开发集体租赁住房，由合作成立的公司运营管理模式。这种模式下，收益分配按集体经济组织与合作企业实际持股比例来确定，一方面能够较好地保障集体经济组织的利益，另一方面能够发挥合作企业在集体租赁住房运营管理中的优势。第三种是企业单独开发集体租赁住房，由开发企业自主运营模式。

2. 纳入政府保障房体系，由政府运营模式

纳入政府保障房系统，由政府运营模式，集体租赁住房项目开发

主体拥有稳定的收益，不需要为集体租赁住房的经营管理花费时间和精力，极大地降低了集体租赁住房项目投资和运营风险。对于政府，集体租赁住房纳入政府保障房系统中，有效增加保障性租赁住房的数量，缓解保障性租赁住房供应不足的问题，根据准入资质审核情况配租给符合条件的申请人，可以确保房屋租赁的公平性。同时，住房租金由政府制定，相对于市场化运营，政府简化了对集体租赁住房市场的监管，降低了人力、物力成本，有利于房屋租赁市场的稳定，是一种较为理想的选择。例如，北京市中关村创客小镇项目与唐家岭项目便是采取政府运营的模式，集体经济组织将集体租赁住房项目直接租给海淀区房管局，双方合约期限为10年，海淀区房管局按照租赁住房数量，在合约签订后马上先期支付给集体经济组织前三年的房屋租金，后期租金按照合同约定执行，有效地保障了集体经济组织的租金收益，同时也增加了几千套的保障性租赁住房。

3. 委托专业租赁机构负责运营管理模式

专业租赁机构具有租赁住房运营的专业性，拥有相对完善、系统的租赁住房运营管理流程，有利于提高集体租赁住房项目租赁水平，从而降低租赁住房投资的风险。但由于专业租赁机构参与运营管理，开发主体需向其支付一定的服务费用，如果租赁机构收取的服务费过高，势必会降低开发主体的收益。此外，委托专业租赁机构负责运营，可能会对集体租赁住房的房屋租金设置存在分歧，使得集体租赁住房的租金超出承租者可承受的水平，同时也为政府的监管增添了一定的难度。

二、集体建设用地租赁住房运营存在的问题

1. 租赁期限

《试点方案》要求"集体租赁住房出租，应遵守相关法律法规和租赁合同约定，不得以租代售。承租的集体租赁住房，不得转租"。虽然

《试点方案》中明确规定租赁住房只租不售，但对于房屋租赁期限没有明确规定。如果可以无限期租赁集体建设用地上的租赁住房，那么此举不仅与出售无异，而且会引发许多负面问题。比如，一些合营企业可能与集体经济组织合谋，无限期地租赁集体建设用地，将建设的集体租赁住房用于出租，一定程度上刺激集体建设用地上的房地产开发，与集体租赁住房建设及国家调控房地产市场平稳健康发展的初衷相悖。因此，如何进行界定和区分，需要进一步明确。同时，租赁期限的违约及赔偿、集体租赁住房的退出对租赁期限的影响等方面也需要注意。

2. 租金确定问题

集体建设用地租赁住房既有保障性的色彩，又具有盈利性的目的。如果集体租赁住房的租金定得过高，增加外来流入人口和本地中低收入群体的住房成本，则入住率势必会下降，无法实现集体租赁住房的保障性目标。租金定得过低，回收期长，开发主体尤其是集体经济组织难以收回建设成本，更罔谈收益，使得试点项目的积极性降低。因此，租金的确定应该兼顾当地房屋租赁市场的房屋租赁价格和保障性租赁住房的租金价格，综合二者进行合理确定。

3. 专业租赁机构管理问题

政府的保障性住房运营机构管理服务内容涵盖人员准入与退出、租金收缴、物业管理、社区文化建设、配套设施经营等方面。由于面向群体复杂，工作任务种类多、工作量大，实现精细化管理难度加大，同时也一定程度上增加了政府管理的成本。专业租赁机构包括以出售租房信息资源为主的传统中介租赁模式和依托互联网信息平台的网络租赁模式、从房源到管理和运营都提供服务的互联网长租模式。传统中介模式无统一租赁平台，存在房源分散、业主放租零散、租赁登记备案率低下等问题，政府难以对集体租赁住房市场进行有效监管，容易导致偷税漏税以及各种租赁纠纷。在互联网长租模式中，存在中介机构以高杠杆方式引入第三方信贷机构垫付所有房租，以承租人信用为抵押，以租户每月租金为还款来源。潜在隐患在于，容易垄断房屋租赁市场，随意提高房屋租金，如果房屋中介经营不善，容易造成资金链断裂，将风险直接转移到承租人和房屋所有者身上。

三、集体建设用地租赁住房运营风险管理

1. 完善集体建设用地租赁住房相关管理规定

进一步明确界定"以租代售"的判断标准，防止集体经济组织开发集体租赁住房变了味道，失去本意。可以通过对房屋出租时限进行设定，如对单次出租期限进行明确限制（不超过10年或者5年），杜绝利用留用地搞变相房地产开发的问题发生。严格租赁住房的产权管理和分割规定，坚持留用地集体租赁住房集体产权，严禁将留用地集体租赁住房变相为"小产权房"等事情发生。

2. 科学进行租金定价

不同试点城市可以根据本地区的经济发展水平和财政状况，综合考虑建设和运营成本等方面的因素，对集体租赁住房的房屋租金进行科学定价，建立一套相对完善的集体租赁住房定价体系，对租金价格进行动态化或静态化调整。集体租赁住房的租金定价体系，原则上要求低于或不高于相同地段、相同类型房屋的市场租金，以充分发挥集体租赁住房的保障性作用。如果是政府统一运营集体建设用地租赁住房，可依据所要租赁对象的支付能力进行差别化的定价。如果是开发主体自主运营或者由委托专业租赁机构负责运营的集体租赁住房，政府可以对满足一定条件的低收入家庭或外来流入人口按月或按年度进行适当的租金补贴。

3. 建设统一的租赁住房平台管理机制

集体租赁住房在投入运营后，应马上着手建立集体租赁住房管理平台。可以由政府主导建立专项管理平台公司，也可以授权民营住房

租赁企业构建租赁平台。统一将集体租赁住房纳入租赁平台建设，统筹住房租赁市场。明确出租人、承租人双方权利义务以及运营模式、租赁管理、物业服务、纳税申报、退出机制，完善相关补贴政策。确保集体租赁住房的不动产权属明晰，减少不必要的权属纠纷问题。

4. 建立健全监管机制

建立信息服务系统、信息公示系统，并定时公布集体租赁住房项目的进展、人员信息、财务状况等，解决信息不对称的问题。如果运营单位不公开相关的租赁和收益分配信息，各方参与主体都有权提起诉讼。集体建设用地租赁住房的监管机构，应该包括政府、村委会、合作企业和运营单位四方代表，以便对集体建设用地租赁住房的建设与出租等事项的财务状况予以监管，从源头减少收益分配不公平的现象。同时，对于租金价格进行监管，对于高出市场租赁价格的项目，可以进行警告令其改正，拒绝改正的，将由政府相关部门对其进行处罚。

第五章 集体建设用地租赁住房建设风险分担

第一节 集体建设用地租赁住房风险研究意义

一、风险分担研究目的

  风险是指在给定的客观情形下,在特定期间内,可能发生结果之间的差异程度。风险即损失的不确定性,风险小即不确定性的变动程度小,风险大即不确定性的变动程度大。风险管理是指通过对风险的识别和衡量,采用合理的经济和技术手段加以处理,以最小的成本获得最大安全保障的一种管理行为。风险管理过程的三个实质性阶段:风险识别、风险衡量和风险应对。

  我国集体建设用地租赁住房试点项目建设主要有集体经济组织自行开发模式、入市出让模式和集体经济组织入股与企业合作开发模式。集体经济组织自行开发模式的缺点是大部分集体经济组织资金有限,缺乏开发建设和自主运营的能力,并且需要承担试点项目的全部风险。集体建设用地使用权入市出让模式的缺点是集体经济组织无法获得长期稳定收益,可能会使集体经济组织成员后期的生活缺乏保障。集体经济组织入股与企业合作开发模式的风险在于与企业合作在建设及运营过程中所有问题不能协商一致。

  由于集体建设用地租赁住房处于试点阶段,合作企业进入集体建设用地租赁住房项目存在着大量的风险因素，并且集体经济组织在是否与企业合作方面占据主导地位，会利用自己的优势向企业转移风险，降低企业参与集体建设用地租赁住房开发的积极性，而如何合理分担风险、获得期望的收益是企业关注的核心问题。通过对集体建设用地租赁住房项目所存在的风险因素进行识别，分析三种开发模式的风险承担主体，通过构建讨价还价博弈模型，得出集体经济组织与企业合作开发模式下双方风险分担比例的计算公式，以风险分担比例公式和风险因素为基础采用 MATLAB 进行定量研究。从而为合作开发模式下集体建设用地租赁住房的风险分担提供建议，激发企业参与的积极性，促进集体建设用地租赁住房的推广实施。

二、风险分担研究意义

通过文献整理和相关项目经验，对集体建设用地租赁住房可能存在的风险进行识别，分析三种开发模式的风险分担主体，确定在集体经济组织与企业合作开发模式下集体经济组织与企业的分担风险比例，一定程度上丰富了集体建设用地租赁住房的基础性研究，为合作开发模式的运用提供一定的理论依据。

同时，集体建设用地租赁住房风险分担的政策法规尚不完善，致使企业参与的积极性不高。构建集体经济组织与企业的风险分担博弈模型，一方面有助于企业有效地识别和评价具体风险因素，进而采取有效措施防范可能发生的风险，从而推动企业进入集体建设用地租赁住房项目；一方面将风险分担作为合同谈判的一部分，在合同中完善集体经济组织和企业的风险分担比例，明确各方的责权利关系，降低风险发生的概率，减少风险成本的增加，保障集体建设用地租赁住房风险分担的合理性和公平性，实现双方共赢。

第二节 集体建设用地租赁住房
风险因素分析

一、不同开发模式风险分析

1. 集体经济组织自行开发模式风险分析

集体经济组织自行开发模式主要是指集体经济组织自行成立房地产开发公司，在经政府相关部门审批后在集体建设用地上开发建设集体租赁住房。由于各村、镇的实际情况有所不同，在实际开发中，申报主体既可以是镇级集体经济组织，也可以是村级集体经济组织。在该种开发模式下，前期融资阶段主要以集体经济组织成员自行筹集为主，由于相关政策法规的限制且该项目投资回报期长，致使金融机构参与的积极性低，因此很难进行抵押贷款。结合目前相关案例，集体经济组织自行开发模式收益分配主要通过两种方式：一种是根据集体经济组织成员所持有股份进行分配，另一种是按照合同阶段制定的收益率给予成员分红。

集体经济组织自行开发模式不可避免地存在着相应的问题，一是融资风险大，多数集体经济组织自身经济实力较弱，而在集体建设用地租赁住房开发全寿命周期过程中，需要投入大量的资金，且目前利用集体建设用地使用权申请银行抵押贷款尚不符合法律规定，因此集体经济组织融资存在诸多困难。二是建设和运营风险大，由于集体经济组织缺少相应的建设和运营的专业能力，缺乏相关经验，难以对过程中的风险进行准确识别、评估和应对。三是抵御风险的能力较弱，集体建设用地租赁住房项目建成后只租不售，收益回报周期长，而集体经济组织成员将大部分储蓄投资在项目开发上，如果项目在建设或运营时出现问题，投资难以收回，这对于收入低的村民必然是一个沉重的打击。

2. 入市出让开发模式风险分析

入市出让开发模式是指集体经济组织将集体建设用地使用权入市出让给企业，由企业负责集体建设用地租赁住房的全寿命周期管控。企业通过与集体经济组织签订一定年限的集体建设用地使用权协议出让合同，获得相应年限的集体建设用地使用权，从而在集体建设用地上建设租赁租房，企业在获得集体建设用地租赁住房项目经营权后，应独自持有，不得转让和分包给其他单位，并持续出租运营。在入市出让模式下，企业自负盈亏，独立承担集体建设用地租赁住房全寿命周期过程中所面临的全部风险，并按照合同规定向集体经济组织支付出让金。

入市出让开发模式也存在着相应的缺陷，一是由于集体建设用地租赁住房处于试点阶段，且该项目的风险高、收益回收期长，企业需独立承担集体建设用地租赁住房全寿命周期过程中所面临的全部风险，致使企业参与该项目的积极性降低。二是协调难度大。与自行开发模式相比，入市出让模式涉及两方收益主体，双方可能由于沟通渠道不畅、信息不对称，导致决策未能顺利实施，损害双方收益。三是无法保障集体经济组织成员长期稳定的收益。入市出让模式下集体经济组织仅能获得集体建设用地使用权出让金，无法享有后期该项目开发所带来的收益，因此集体经济组织成员无法获得长期稳定的收益。

3. 集体经济组织与企业合作开发模式风险分析

合作开发模式是指集体经济组织采用以集体建设用地使用权作价入股或联营的方式与企业合作，企业将其专业技术和成熟的开发经验等优势运用于集体建设用地租赁住房项目上，双方成立新的集体租赁住房项目公司开发集体建设用地租赁住房项目。集体租赁住房的所有权归属新成立的公司所有，新公司只拥有集体建设用地的使用权，集体建设地的所有权仍归集体经济组织所拥有。合作开发模式主要适用于经济实力不强的集体经济组织，因此在前期融资阶段，除集体经济组织外，其他资金来源由企业出资或以新成立项目公司作为抵押贷款主体，向金融机构借款。

该种开发模式对新成立公司双方所拥有的股权有明确要求，保证集体经济组织对新成立的公司有绝对控股权。以武汉市藏龙岛项目为例，集体经济组织与武汉藏龙集团合作成立合资公司，共同负责集体建设用地租赁住房的开发建设和运营，集体经济组织采用集体建设用地使用权入股的方式，占合资公司 51% 的股权，藏龙集团采用资金入股的方式占有 49% 的股权。

采用合作开发模式存在着诸多的优点，一是可以降低集体经济组织自行开发所面临的融资风险，并可以提供专业化的建设和运营技术支持，使抵御风险的能力增强。二是解决了入市出让模式中集体经济组织无法获得长期稳定收益的情况。然而，合作开发模式也存在着相应的缺点，一是为保障集体经济组织的权益不受到侵犯，大部分试点城市规定，集体经济组织占有新公司 50% 以上的股份，在收益分配上按照保底收益和股权分红的形式进行，对于集体经济组织的过度保护，造成了企业需要承担更多的风险。二是由于多主体参与，双方都追求在承担极小风险的同时获得更大的收益，因此双方风险分担比例难以达到最优均衡解，使参与主体双方同时满意。因此明确合作开发模式下双方的风险分担比例，对集体建设用地租赁住房的健康发展具有十分重要的意义。

二、风险因素识别

风险因素识别是风险管控的第一步，是做好风险分担的前提，科学合理地识别风险因素可以为后续工作奠定良好的基础。在集体建设用地租赁住房建设项目开发过程中，存在着诸多的风险因素，通过文献整理和相关项目经验，对集体建设用地租赁住房项目的风险因素进行归纳总结，列出集体建设用地租赁住房项目主要风险清单，并将该项目所面临的风险因素划分为宏观、中观、微观三个类别。由于集体建设用地租赁住房尚处于试点阶段，在国家政策、法律体系、制度探索、运营管理模式等方面尚不成熟，因此在实际开发过程中会面临巨大的风险。但现有文献对集体建设用地租赁住房的研究较少，因此通过查阅现有文献从中国住房市场、集体建设用地租赁住房和有借鉴意义的公租房三方面出发，对集体经济组织与企业合作开发集体建设用地租赁住房可能存在的风险因素进行识别（"√"代表文献中存在该类风险，"—"代表文献中不存在该类风险）。

表 5-1　集体建设用地租赁住房项目风险清单

风险因素	文献来源																				
	1	2	3	4	5	6	7	8	9	10	11	12	13	14	15	16	17	18	19	20	21
流转政策	—	√	—	—	—	√	√	—	√	—	√	—	√	—	—	—	—	—	—	—	—
金融政策	—	—	√	√	—	√	√	—	—	—	—	—	—	—	—	√	√	√	√	—	√
收益分配政策	—	—	—	—	—	—	√	√	√	√	√	√	√	√	√	—	—	—	—	—	—
成本	—	√	—	—	√	—	√	—	—	—	—	—	—	—	—	√	—	√	—	√	—
工期	—	—	—	√	—	—	—	—	—	—	—	—	—	—	—	√	—	√	—	—	—
质量	—	√	—	—	—	—	—	—	—	—	—	—	—	—	—	√	—	√	—	—	—
安全	—	—	—	—	—	—	—	—	—	—	—	—	—	—	—	√	—	√	—	—	—
资金	—	√	√	√	√	√	√	√	√	—	—	√	√	—	—	√	—	—	—	—	—
通货膨胀	—	—	—	√	—	—	—	—	—	—	—	—	—	—	—	√	—	√	—	—	—
违约	—	—	—	—	—	—	—	—	—	—	—	—	—	—	—	—	—	—	—	—	—
利率	—	—	—	—	—	—	—	—	—	—	—	—	—	—	—	√	—	—	—	—	—
不可抗力	—	—	—	—	—	—	—	—	—	—	—	—	—	—	—	—	—	—	—	—	—
租金	√	—	—	—	—	√	—	√	—	—	—	—	—	—	—	—	—	—	—	—	—
基础配套设施	—	—	—	—	—	—	—	√	—	√	√	—	—	—	—	√	—	√	—	—	—
供需	√	√	√	—	—	—	—	—	—	—	—	√	—	√	√	√	—	√	—	—	—
协调	—	—	—	—	—	√	—	—	—	—	—	—	—	—	—	√	—	√	—	—	—
第三方	—	—	—	—	—	√	—	—	—	—	—	—	—	—	—	√	—	√	—	—	—

1. 宏观风险

宏观风险主要指外生风险，例如一些不涉及项目自身因素的外部风险。通常与国家政策、法律体系、社会经济情况和自然灾害有关的风险要素，主要包括政策风险、财务风险和不可抗力风险三个层面的风险，宏观风险是客观存在，无法提前预料，且对于项目有重大的影响。

（1）政策风险

集体建设用地租赁住房处于试点阶段，对于相关政策的依赖程度高，相关政策对于推进集体建设用地租赁住房建设发挥着至关重要的作用。但目前相关政策尚不完善，致使集体建设用地租赁住房存在较大风险，集体经济组织和企业对于是否进入该项目持观望的态度。基于文献调查法将政策风险划分为流转政策风险、金融政策风险和收益分配政策风险三类。

①流转政策风险

流转政策风险是指农村集体建设用地入市政策和实施方案不健全所产生的风险。我国正积极探索集体建设用地入市改革，因此集体建设用地入市流转的具体实施方案尚不健全。并且集体建设用地入市流转会对地方政府的财政收入产生重大影响，大多数城市的地方债务存量大，只能通过国有土地出让缓解地方偿债压力，因此地方政府可能会对政策和实施方案进行动态调整，存在一定的不确定性。

②金融政策风险

金融政策包括两个方面，一是指政府对于参与主体和承租者的补贴政策，二是指集体建设用地租赁住房融资政策。若政府对于集体建设用地租赁住房各参与主体的补贴政策落实不到位，会使各参与主体的利益受损；虽北京市在融资方面取得了重大突破，但由于集体建设用地租赁住房存在投资大、回收期长和风险高等特点且集体建设用地抵押融资违反《民法典》（物权篇）的相关规定，致使金融机构仍缺乏参与集体建设用地租赁住房的积极性。

③收益分配政策风险

收益分配政策是指集体经济组织、集体经济组织成员、企业和政府四方收益的分配和监督的具体政策。一方面是现阶段缺少相关政策来明确集体建设用地租赁住房所获得资金收益应采用何种方式进行合理的分配；另一方面是政府参与集体建设用地租赁住房的收益分配方式不明确，并对收益去向缺乏相应的监督机制。

（2）财务风险

①资金风险

资金风险是指在集体建设用地租赁住房开发过程中，由于资金短缺导致项目无法顺利开展的风险。一是集体建设用地租赁住房具有开发周期长、资金需求量大、资金回收期长等特点并且以集体建设用地使用权抵押贷款存在融资难的问题；二是若集体经济组织自行开发，因其资金有限很难应对资金短缺所产生的风险，若与企业合作开发，在房地产市场下行的背景下多数房地产开发企业负债率高，流动资金有限。因此在集体建设用地租赁住房全生命周期过程中很可能会出现资金短缺导致项目无法顺利开发的情况。

②通货膨胀风险

通货膨胀风险是指由于货币贬值而导致相关利益参与者成本增加和收益减少的风险。由于集体建设用地租赁住房项目投入资金多、周期长等特点，因此通货膨胀必然会影响企业的经营效率。通货膨胀的最直接影响就是货币贬值，导致物价上涨和员工工资增加，增加企业的成本，使企业的预期收益降低。因此，在集体建设用地租赁住房开发过程中，要防范通货膨胀可能带来的风险。

③利率风险

利率风险是指利率不可预知的波动对集体建设用地租赁住房项目资金成本的影响。利率是指一定时期内利息额和借款资金额的比率。利率是决定企业资金成本高低的主要影响因素，同时也是企业筹资和集资的决定性因素。集体建设用地租赁住房项目属于资金密集型产业，利率变动影响着企业的投入产出比，若贷款利率升高，则意味着成本增加，随之所获得收益则会减少，因此应时刻关注利率变化，合理规避利率风险。

④违约风险

违约风险是指在集体建设用地租赁住房项目中，集体经济组织、企业和分包商等利益相关者由于房地产市场发生变化或参与主体因自身状况选择中途退出该项目所产生的风险。从而导致项目无法顺利开发，致使成本增加，收益受损。

（3）不可抗力风险

不可抗力风险指的是集体建设用地租赁住房项目开发全生命周期过程中，由于自然灾害和疫情等无法预料和避免的客观情况，影响项目开发，造成经济损失的风险。

2. 中观风险

中观风险根源于项目内部，风险产生的影响来源于项目自身范围内，并作用于项目本身。对于集体建设用地租赁住房项目而言，中观风险主要是指建设风险和运营风险两个层面的风险因素。建设阶段是项目顺利开发的核心部分，建设风险伴随着建设阶段全过程，如工期延迟、质量不合格、成本增加都是建设阶段需要把控的。运营阶段是保证集体建设用地租赁住房项目成为可推广和实施的关键，运营阶段的租金定价合理程度和周围配套设施的完善程度都影响着项目运营的成败。

（1）建设风险

①成本风险

成本风险是指在项目建设阶段，由于对成本的估算存在偏差或没有全面考虑突发情况可能带来的成本增加，而使成本超过预期，致使项目资金短缺，导致项目无法按期完工。因此，建设单位应对施工过程产生的成本准确估算，避免由于成本风险而影响项目的顺利建设。

②工期风险

工期风险是指在项目建设阶段，由于图纸存在偏差、施工技术不成熟和不可抗力的影响等原因，导致项目无法按照预期工期完成，项目延期交付，必然会造成成本增加，收益降低。在施工准备阶段，应充分考虑各种因素对项目工期产生的影响，消除工期风险对项目的阻碍。

③安全风险

安全风险是指在项目施工过程中，由于工人安全意识淡薄、大型设备使用不规范、现场管理人员缺少相应的安全意识等原因发生安全事故。施工单位应在施工前做好安全教育培训，并不定期对现场安全进行跟踪检查消除安全隐患。避免安全风险所造成的人身和经济财产损失。

④质量风险

质量风险是项目施工过程中，由于材料不符合国家标准、施工技术不规范和管理松懈等原因导致项目质量不合格，达不到验收标准。施工单位应严格规范材料进场和加强对班组人员进场前的技术交底，规避质量风险对项目造成的损失。

（2）运营风险

①租金风险

集体建设用地租赁住房受局部房地产市场的影响较大，必然受到局部地区公租房和个体出租房的冲击。若租金定价过高，会出现房屋空置的现象，影响收益；若租金定价过低，则会使实际收益达不到预期，损害参与主体的利益。因此合理的定价是集体建设用地租赁住房能否顺利实施的关键。

②基础配套设施风险

项目周围配套设施的完善程度与承租者是否选择该项目成正相关，基础配套设施是保证正常生活的基本条件，基础配套设施越完善，承租者居住的幸福度越高，选择该项目的态度越积极。

③供需风险

供需风险是指集体建设用地租赁住房项目所在市场供需关系不平

衡所产生的风险。一方面是供大于需，致使承租率低，影响项目收益；另一方面是供小于求，不仅影响项目收益，也未能充分发挥利用集体建设用地建设租赁住房的作用。供求关系受政策变化、市场同类产品竞争等多方面的影响，是一个动态变化的过程。租赁住房与商品房都具有一定的区域性，不同城市、不同区域的供求关系不尽相同。因此，集体建设用地租赁住房在前期选址过程中，要充分调研周围出租房的供需情况。

3. 微观风险

微观风险与中观风险都是来源于项目内部的风险因素，但侧重点有所不同，微观风险来源于项目不同利益主体之间的差异性。集体建设用地租赁住房微观风险主要是指参与主体之间的内在沟通和众多合作方自身可能产生的风险，包括沟通协调风险和第三方风险两个层面的风险。

（1）沟通协调风险

沟通协调风险是指在项目建设和运营过程中，由于沟通渠道不畅，信息不对称，导致项目的决策未能顺利实施，造成收益受损。

（2）第三方风险

第三方风险是指在项目建设和运营过程中，分包商和供应商等所产生的风险。由于众多分包商参与项目开发，因此要充分评估各分包商的自身经济状况和专业能力，降低由于分包商自身状况，影响项目的顺利开发。

第三节 集体建设用地租赁住房
风险因素分担

一、自行开发模式风险因素分担方案

集体经济组织采用自行开发模式时，集体经济组织是参与集体建设用地租赁住房建设和运营的唯一主体，所获得的全部收益归集体经济组织所有，集体经济组织也应自行承担项目开发全寿命周期过程中所面临的全部风险（"√"代表开发主体需承担的风险因素，"—"代表无须承担的风险因素）。

表 5-2　自行开发模式风险因素分担方案

风险因素	集体经济组织独立承担	企业独立承担	双方共担
流转政策风险	√	—	—
金融政策风险	√	—	—
收益分配风险	√	—	—
成本风险	√	—	—
工期风险	√	—	—
质量风险	√	—	—
安全风险	√	—	—
资金风险	√	—	—
通货膨胀风险	√	—	—
违约风险	√	—	—
利率风险	√	—	—
不可抗力风险	√	—	—
租金风险	√	—	—
基础配套设施风险	√	—	—
供需风险	√	—	—
协调风险	√	—	—
第三方风险	√	—	—

二、入市出让开发模式风险因素分担方案

集体经济组织通过将集体建设用地使用权入市出让给企业，由企业负责集体建设用地租赁住房的开发，企业获得一定年限的集体建设用地租赁住房的经营权，由于集体经济组织不直接参与该项目的开发，所获得的收益为入市出让时所获得出让金，企业获得今后该项目所有收益，因此按照收益与风险相匹配的原则，企业应承担项目开发过程中所面临的全部风险因素（"√"代表开发主体需承担的风险因素，"—"代表无须承担的风险因素）。

表 5-3　入市出让开发模式风险因素分担方案

风险因素	集体经济组织独立承担	企业独立承担	双方共担
流转政策风险	—	√	—
金融政策风险	—	√	—
收益分配风险	—	√	—
成本风险	—	√	—
工期风险	—	√	—
质量风险	—	√	—
安全风险	—	√	—
资金风险	—	√	—
通货膨胀风险	—	√	—
违约风险	—	√	—
利率风险	—	√	—
不可抗力风险	—	√	—
租金风险	—	√	—
基础配套设施风险	—	√	—
供需风险	—	√	—
协调风险	—	√	—
第三方风险	—	√	—

三、合作开发模式风险因素分担方案

集体经济组织若选择与企业合作开发集体建设用地租赁住房项目，此种模式是集体经济组织以集体建设用地使用权入股、联营与企业成立合资项目开发公司。因在合作开发模式下，不再仅涉及单一收益参与主体，其中涉及集体经济组织和企业双方的收益，因此需双方在合同谈判阶段对各风险因素进行合理分担，平衡各方的利益（"√"代表开发主体需承担的风险因素，"—"代表无须承担的风险因素）。

表 5-4　合作开发模式风险因素分担方案

风险因素	集体经济组织独立承担	企业独立承担	双方共担
流转政策风险	—	—	√
金融政策风险	—	—	√
收益分配风险	—	—	√
成本风险	—	—	√
工期风险	—	—	√
质量风险	—	—	√
安全风险	—	—	√
资金风险	—	—	√
通货膨胀风险	—	—	√
违约风险	—	—	√
利率风险	—	—	√
不可抗力风险	—	—	√
租金风险	—	—	√
基础配套设施风险	—	—	√
供需风险	—	—	√
协调风险	—	—	√
第三方风险	—	—	√

第四节　集体建设用地租赁住房
风险分担博弈

以集体经济组织入股与企业合作开发模式为例，开展集体建设用地租赁住房建设风险分担博弈研究。

一、讨价还价博弈模型分析

参与博弈的主体、获取项目信息的程度、地位的非对称性和双方不同出价顺序是讨价还价博弈的四个重要影响因素，鉴于这四个因素对于讨价还价博弈模型的重要程度，因此首先从这四个影响因素展开对集体建设用地租赁住房风险分担进行分析，得出适合集体建设用地租赁住房的风险分担博弈模型，为下文讨价还价博弈模型的建立打下基础。

1. 参与博弈主体的确定

讨价还价博弈根据参与主体的数量可以分为：一对一、一对多、多对多三种讨价还价博弈类型。在集体建设用地租赁住房项目中，自行开发模式由集体经济组织独立承担该项目全寿命周期过程中所面临的全部风险，入市出让模式由企业独立承担所面临的全部风险，而对于合作开发模式是在集体经济组织同意参与集体建设用地租赁住房项目后，由政府牵头，集体经济组织作为项目的需求者，向社会公开招标，寻找企业与其合作开发，集体经济组织以集体建设用地使用权入股、联营与企业成立合资项目开发公司。因此，从集体建设用地租赁住房项目收益主体角度考虑，可以将合作开发模式下集体建设用地租赁住房的风险分担主体确定为集体经济组织和企业。

（1）集体经济组织

集体经济组织主要位于城中村和城乡接合部地区，是集体建设用地租赁住房建设的参与主体，拥有集体租赁住房项目建设地块的所有权。在试点阶段，地方政府充分尊重集体经济组织的意愿，因此集体经济组织有权选择是否进入集体建设用地租赁住房项目，若选择开展集体建设用地租赁住房，各集体经济组织应结合自身状况选择适宜的开发模式。对于经济实力雄厚并且有自主开发意愿的集体经济组织可以自主开发运营管理，比如北京唐家岭地区由政府主导，集体经济组织自行开发建设。但对于大部分集体经济组织来说，缺乏开发建设和自主运营的能力，在开发建设和运营过程中需要大量的资金投入，但集体经济组织资金有限，难以完成项目。因此，大多数试点项目集体经济组织采取与企业合作开发模式，如北京市大兴区瀛海镇租赁住房项目。

在集体经济组织自行开发模式下，集体经济组织全权负责集体建设用地租赁住房全寿命周期过程的开发，集体经济组织在获得项目全部收益的同时，也需承担所有的风险。在入市出让模式下，集体经济组织一次性获得集体建设用地使用权出让金，不承担后续开发过程中所面临的风险。在集体经济组织与企业合作开发模式下，项目收益来源于长期的市场化租金收益，双方在全生命周期过程中共享收益，共担风险。集体经济组织应按照收益与风险相匹配的原则，确定自身的风险分配比例，保证自身收益的最大化。但不应利用自身强势地位向企业转移较多风险，从而影响企业参与该项目的积极性、破坏集体建设用地租赁住房健康发展。

（2）合营企业

合营企业指的是在集体建设用地租赁住房项目中，参与合作的企业。作为集体建设用地租赁住房的参与主体之一，企业不仅需要投入大量资金，还应具备建设和运营方面的专业技术能力。各试点城市对集体经济组织与企业合作开发成立的项目公司的股权比例均提出了具体的要求。若集体经济组织与企业合作开发集体建设用地租赁住房项目，企业与集体经济组织共享收益的同时，也需共担项目全寿命周期过程中的全部风险。在合同谈判阶段，由于企业处于劣势地位，集体经济组织会利用自身的强势地位向企业转移风险分担比例，而企业追求的是收益最大化，因此在事前阶段，企业应对集体建设用地租赁住房项目所存在的风险因素进行识别、评估和应对，积极做好风险把控工作。

2. 完全信息和非完全信息的确定

在集体建设用地租赁住房项目中，根据集体经济组织和企业对于信息的获取程度，可分为完全信息和非完全信息风险分担讨价还价博弈。完全信息讨价还价是指集体经济组织和企业双方在集体建设用地租赁住房合作开发模式下，能全面掌握全部的风险信息，在此种情况下进行讨价还价博弈；非完全信息讨价还价是指集体经济组织和企业不知道或者不完全知道在集体建设用地租赁住房合作开发模式下相关的风险信息。在实际中，由于信息的不对称性，参与主体完全获取信息的难度较大，双方都会隐藏自身对于项目所存在的风险。因此，完全信息下的讨价还价博弈是一种理想状态。但在现实中，集体经济组织和企业不可能完全掌握集体建设用地租赁住房项目的全部风险信息。因此基于非完全信息的状态构建讨价还价博弈模型，研究得出双方共担风险的实际分担比例，以求更加接近现实。

3. 地位非对称性分析

在讨价还价博弈中双方地位的非对称性是指一方在信息获取和资源使用等方面相对于其他参与主体更具有优势。因此可以将项目的参与主体分为强势方和弱势方，基于地位的非对称性，在实际风险分担过程中强势方会利用自身的优势向弱势方转移自身所存在的风险，减少共担风险的实际分担比例。

在集体经济组织和企业合作开发模式下，由于集体经济组织有权选择是否与企业合作开发以及现行存在的"保底收益+固定分红"模式是对集体经济组织过度保护的体现，因此在集体建设用地租赁住房风险分担过程中造成了双方地位的不平等。政府对集体经济组织的过度保护，使集体经济组织在信息获取和资源利用等方面更具优势。从前期对相关政策制度的了解程度、选择企业的权力和在双方成立合资项目公司中集体经济组织至少占51%的股份等到后期政府对集体经济组织收益的保护，都体现了集体经济组织在集体建设用地租赁住房项目中处于强势地位。

4. 出价顺序的不同

在讨价还价博弈多回合过程中，先出价的一方可以通过对方谈判成本的增加和心理承受能力的减弱等占据优势地位。因此在集体建设用地租赁住房项目中出价顺序对于双方共担风险分担比例具有十分重要的意义。为更全面地分析集体经济组织和企业的共担风险分担比例，分别构建了两种情况下的（集体经济组织先出价和企业先出价）讨价还价博弈模型进行对比分析，为双方在实际合同谈判过程中提供建议和参考。

二、集体经济组织先出价的风险分担讨价还价博弈

讨价还价博弈过程中，存在地位非对称性的情况，因此需设定双方不同的出价顺序进行分析。设定由集体经济组织先出价。在集体建设用地租赁住房项目合作开发模式下，集体经济组织和企业对共担风险进行风险分担的过程中，由集体经济组织先出价，提出某一具体共担风险的分担比例。集体经济组织作为先出价者，在第一阶段提出相应的共担风险分担比例，企业可以选择接受或者拒绝。若企业同意，

则这一具体共担风险的讨价还价博弈就此结束；若企业不同意，则双方的风险分担过程延续到第二阶段。第二阶段由企业提出某一具体共担风险分担比例，集体经济组织可以选择接受或者拒绝，若集体经济组织接受，则此讨价还价博弈到第二阶段结束，若拒绝则进行第三阶段的博弈。在第三阶段由集体经济组织出价，提出新的共担风险分担比例，若企业同意则此种共担风险博弈过程结束，否则无限循环下去，直到双方对此风险分担达成一致意见为止。采用三阶段讨价还价博弈模型展开分析。

1. 模型的基本假设

第一，博弈论研究的是理性行为，即各参与主体都是绝对理性的，博弈论认为各参与主体都能根据对方的策略做出使自己收益最大化的最优反应。理性与道德有时是一对矛盾体，理性的选择是为了追求自身目标的实现，从而使自身的收益最优化，因此所做出的策略不一定最符合道德要求，博弈论不考虑道德因素的影响，即从各参与主体都是绝对理性的角度出发。理性的人一定是自利的，博弈论中的自利是中性词，即参与主体所做出的策略、行为和反应都是为了使自身收益取向于最大化。

第二，假设各单个风险因素都是独立存在的，各单个风险因素之间互不影响，无关联性。

第三，讨价还价博弈过程趋向于无限循环，设定采用三阶段讨价还价博弈模型对共担风险展开分析。

第四，设定某一共担风险分担比例的和为1，集体经济组织所承担的风险比例为R，企业所承担的风险比例为1-R。

2. 模型的基本要素

（1）耗散系数 &

在讨价还价博弈过程中耗散系数是指参与主体受资金状况和心理承受能力等因素的影响，每多进行一个回合的谈判，都会造成其谈判费用和机会成本的增加，使双方的收益情况产生相应的折扣。由于集体经济组织和企业是两个独立的个体，其资金状况和心理承受能力不同，因此双方的耗散系数也存在差异性。假设集体经济组织的耗散系数为 $\&_1$，企业的耗散系数为 $\&_2$（$1<\&_1$，$\&_2$）。

（2）转移风险的比例 t

在集体建设用地租赁住房项目中，由于从前期对企业的选择权力和在双方成立项目公司中集体经济组织至少占 51% 的股份等到后期政府对集体经济组织收益的保护，都体现了在集体建设用地租赁住房项目中存在参与主体地位非对称性的情况，使集体经济组织在共担风险分担过程中占据强势地位，并且博弈论假设的各参与主体都是绝对理性的，因此集体经济组织会利用自身的优势地位向企业转移风险比例。用 t（$0 \leqslant t \leqslant 1$）表示集体经济组织向企业转移风险的比例。

（3）转移风险的概率 p

由于集体经济组织在共担风险分担过程中占据强势地位，是否会利用自身的优势向企业转移风险比例是未知的，因此需假设相应的参数 p（$0 \leqslant p \leqslant 1$）作为集体经济组织向企业转移风险的概率，则 1-p 为集体经济组织不转移风险的概率。

3. 模型的构建

第一阶段：根据前文介绍，分析集体经济组织先出价的情况，因此第一阶段由集体经济组织先出价。假设集体经济组织在第一阶段提出的第 j 种共担风险分担比例为 R_1，企业在第一阶段承担的第 j 种共担风险分担比例为 1-R_1，集体经济组织以概率 p 将此种共担风险比例 t_1 转移给企业，则第一阶段双方承担的风险为：

集体经济组织：

$$A_1 = p(R_1 - t_1) \tag{5.1}$$

企业：

$$G_1 = p(1 - R_1 + t_1) \tag{5.2}$$

若集体经济组织不转移风险，则双方承担的风险为：

集体经济组织：

$$A_2 = (1-p)R_1 \tag{5.3}$$

企业：

$$G_2 = (1-p)(1-R_1) \tag{5.4}$$

上述公式相加可得第一阶段双方承担的第 j 种共担风险期望为：

集体经济组织：

$$A_{12} = A_1 + A_2 = p(R_1 - t_1) + (1-p)R_1 \tag{5.5}$$

企业：

$$G_{12} = G_1 + G_2 = p(1 - R_1 + t_1) + (1-p)(1-R_1) \tag{5.6}$$

若企业接受集体经济组织在第一阶段提出的共担风险分担比例，则讨价还价博弈到此结束，否则进行第二阶段讨价还价博弈。第二阶段讨价还价博弈由企业先出价。

第二阶段：由企业先提出第 j 种共担风险的分担比例为 R_2，则集体经济组织承担的第 j 种共担风险的分担比例为 $1-R_2$，集体经济组织以概率 p 将此种共担风险比例 t_2 转移给企业。第二阶段谈判与第一阶段不同的是，随着谈判次数的增加，双方谈判成本随之增加，双方承受能力逐渐减弱，则第二阶段双方承担的风险为：

集体经济组织：

$$A_3 = \&_1 p(R_2 - t_2) \tag{5.7}$$

企业：

$$G_3 = \&_2 p(1 - R_2 + t_2) \tag{5.8}$$

若集体经济组织不转移风险，则双方承担的风险为：

集体经济组织：

$$A_4 = \&_1(1-p)R_2 \tag{5.9}$$

企业：

$$G_4 = \&_2(1-p)(1-R_2) \tag{5.10}$$

上述公式相加可得第二阶段双方承担的第 j 种共担风险期望为：

集体经济组织：

$$A_{34} = A_3 + A_4 = \&_1 p(R_2 - t_2) + \&_1(1 - p)R_2 \qquad (5.11)$$

企业：

$$G_{34} = G_3 + G_4 = \&_2 p(1 - R_2 + t_2) + \&_2(1 - p)(1 - R_2) \quad (5.12)$$

若集体经济组织认为企业在第二阶段提出的共担风险分担比例不合理，意味着第二阶段讨价还价博弈未能达成一致，则顺延到第三阶段讨价还价博弈阶段。第三阶段讨价还价博弈由集体经济组织再次先出价。

第三阶段：由集体经济组织先提出第 j 种共担风险的分担比例为 R_3，则企业承担的第 j 种共担风险的分担比例为 $1-R_3$，集体经济组织以概率 p 将此种共担风险比例 t_2 转移给企业。第三阶段与第二阶段也稍有不同，当随着谈判次数的增加，耗散系数 & 也随之增加，则第三阶段双方承担的风险为：

集体经济组织：

$$A_5 = \&_1^2 p(R_3 - t_3) \qquad (5.13)$$

企业：

$$G_5 = \&_2^2 p(1 - R_3 + t_3) \qquad (5.14)$$

若集体经济组织不转移风险，则双方承担的风险为：

集体经济组织：

$$A_6 = \&_1^2(1 - p)R_3 \qquad (5.15)$$

企业：

$$G_6 = \&_2^2(1 - p)(1 - R_3) \qquad (5.16)$$

上述公式相加可得第三阶段双方承担的第 j 种共担风险期望为：

集体经济组织：

$$A_{56} = A_5 + A_6 = \&_1^2 p(R_3 - t_3) + \&_1^2(1 - p)R_3 \qquad (5.17)$$

企业：

$$G_{56} = G_5 + G_6 = \&_2^2 p(1 - R_3 + t_3) + \&_2^2(1 - p)(1 - R_3) \quad (5.18)$$

4. 模型的求解

对于讨价还价风险分担博弈模型的求解，采用逆向归纳法从谈判结束阶段倒推求解博弈模型，并结合转换理论中阐述的从任意阶段开始倒推，所得到的均衡解是相同的观点。设置的是三阶段讨价还价博弈模型，因此从模型的第三阶段开始进行逆向归纳。

在第二阶段若集体经济组织的风险期望值 A_{34} 大于在第三阶段的风险期望值 A_{56}，则集体经济组织肯定会拒绝企业在第二阶段提出的风险分担比例，则第二阶段谈判未达成一致，从而进行第三阶段讨价还价博弈。从集体经济组织收益角度出发，企业在第二阶段提出的最优的风险分担比例是既要使集体经济组织在第二阶段提出的风险期望值 A_{34} 不大于在第三阶段的风险期望值 A_{56}，但又要使自身所承担的风险期望值最小，所以综合考虑。在第二阶段最优的风险分担策略为 $A_{34} = A_{56}$，即：

$$\alpha_1 p(R_2 - t_2) + \alpha_4(1 - p) R_2 = \alpha_4^2 p(R_3 - t_3) + \alpha_4^2(1 - p) R_3$$

$$(5.19)$$

企业承担的风险期望的最优解为：

$$G_{34} = \alpha_3(1 - \alpha_4 R_3 + \alpha_4 p t_3) \tag{5.20}$$

$$G_{56} = \alpha_3^2(p t_3 + 1 - R_3) \tag{5.21}$$

由前文可知，$0 \leq t \leq 1$ 且 $0 \leq p \leq 1$，从而得出 $G_{34} < G_{56}$，即企业在第二阶段承担的风险比例小于第三阶段。出于心理承受能力和谈判成本的考虑，双方对于进入第三阶段讨价还价博弈持厌恶的态度。与上述第二阶段同理，逆向归纳到第一阶段，若企业在第一阶段的风险期望值 G_{12} 大于在第二阶段的风险期望值 G_{34}，企业会拒绝集体经济组织在第一阶段提出的共担风险分担比例，双方的讨价还价博弈则会进入到第二阶段。从集体经济组织和企业双方角度考虑，最优策略是既要使企业在第一阶段的风险期望值 G_{12} 不大于在第二阶段的风险期望值 G_{34}，又要使自身承担的风险比例最小，即 $G_{12} = G_{34}$。

$$p(1 - R_1 + t_1) + (1 - p)(1 - R_1) = \alpha_3 p(1 - R_2 + t_2) + \alpha_3(1 - p)(1 - R_2)$$

$$(5.22)$$

$$R_2 = p t_2 + \alpha_2 R_3 - \alpha_2 p t_3 \tag{5.23}$$

联立上述两式可得:

$$R_1 = 1 - \&_1 + pt_1 + \&_2\&_3R_3 - \&_2\&_1pt_3 \qquad (5.24)$$

结合转换理论的观点,逆向归纳从任何阶段开始所得到的结果是相同的,因此无论从第三阶段还是第一阶段所得风险比例相等,即 $R_1 = R_3$,则集体经济组织和企业双方的风险分担比例为:

集体经济组织:

$$R = \frac{\&_1 - 1}{\&_2\&_1 - 1} + pt \qquad (5.25)$$

企业:

$$1 - R = \frac{\&_1(\&_2 - 1)}{\&_1\&_2 - 1} - pt \qquad (5.26)$$

在讨价还价博弈中,集体经济组织会利用自身的优势地位将 pt 的风险比例转移给企业,所以集体经济组织承担的风险比例会减少 pt,而企业实际承担的风险比例则会增加 pt。因此,双方实际应承担的风险比例为:

集体经济组织:

$$R = \frac{\&_4 - 1}{\&_3\&_4 - 1} \qquad (5.27)$$

企业:

$$1 - R = \frac{\&_4(\&_3 - 1)}{\&_3\&_4 - 1} \qquad (5.28)$$

三、企业先出价的风险分担讨价还价博弈

设定由企业先出价构建共担风险讨价还价博弈模型。在对共担风险进行风险分担的过程中,由企业先出价,提出某一具体共担风险的分担比例。集体经济组织可以选择是否接受企业提出的共担风险分担比例,若集体经济组织同意,则共担风险的讨价还价博弈完成,否则

双方的共担风险分担过程延续到第二阶段。第二阶段由集体经济组织首先提出共担风险分担比例，若企业接受，则讨价还价博弈完成，否则进行第三阶段的博弈过程。在第三阶段由企业提出新的共担风险分担比例，若集体经济组织同意则共担风险博弈过程结束，否则无限循环下去，直到双方对此风险分担达成一致意见为止。采用三阶段讨价还价博弈模型展开分析。

1. 模型的基本假设

第一，博弈论研究的是理性行为，即各参与主体都是绝对理性的，博弈论认为各参与主体能根据对方的策略做出最有利于自身的反应，且做出的反应都是为了使自身收益趋向于最大化。

第二，假设各风险因素都是独立存在的，各单个风险因素之间互不影响，无关联性。

第三，讨价还价博弈过程趋向于无限循环，设定采用三阶段讨价还价博弈模型对共担风险展开分析。

第四，设定某一共担风险分担比例的和为1，集体经济组织所承担的风险比例为R，企业所承担的风险比例为1–R。

2. 模型的基本要素

（1）耗散系数 &

设定集体经济组织的耗散系数为 $\&_1$，企业的耗散系数为 $\&_2$（1< $\&_1$，$\&_2$）。

（2）转移风险的比例 t

在集体建设用地租赁住房项目中，存在参与主体地位的非对称性，使集体经济组织在共担风险分担过程中占据强势地位，并会利用自身的优势向企业转移风险比例。用 p（0≤ p ≤1）表示集体经济组织向企业转移风险的比例。

（3）转移风险的概率 p

在集体建设用地租赁住房项目中，集体经济组织是否会利用自身优势向企业转移风险比例是未知的，因此假设相应的参数 p（$0 \leqslant p \leqslant 1$）作为集体经济组织向企业转移风险的概率，则 1-p 为集体经济组织不转移风险的概率。

3. 模型的构建

第一阶段：第一阶段由企业先出价。假设企业在第一阶段提出的第 j 种共担风险分担比例为 R_1，企业在第一阶段承担的第 j 种共担风险分担比例为 $1-R_1$，集体经济组织以概率 p 将此种共担风险比例 t_1 转移给企业，则第一阶段双方承担的风险为：

集体经济组织：

$$A_1 = p(1 - R_1 - t_1) \tag{5.29}$$

企业：

$$G_1 = p(R_1 + t_1) \tag{5.30}$$

若集体经济组织不转移风险，则双方承担的风险为：

集体经济组织：

$$A_2 = (1 - p)(1 - R_1) \tag{5.31}$$

企业：

$$G_2 = (1 - p)R_1 \tag{5.32}$$

上述公式相加可得第一阶段集体经济组织和企业双方承担的第 j 种共担风险期望为：

集体经济组织：

$$A_{12} = A_1 + A_2 = p(1 - R_1 - t_1) + (1 - p)(1 - R_1) \tag{5.33}$$

企业：

$$G_{12} = G_1 + G_2 = p(R_1 + t_1) + (1 - p)R_1 \tag{5.34}$$

若集体经济组织接受企业在第一阶段提出的共担风险分担比例，则讨价还价博弈到此结束，否则进行第二阶段讨价还价博弈。第二阶段讨价还价博弈由集体经济组织先出价。

第二阶段：由集体经济组织先提出第 j 种共担风险的分担比例为

R_2，则企业承担的第 j 种共担风险的分担比例为 $1-R_2$，集体经济组织以概率 p 将此种共担风险比例 t_2 转移给企业。第二阶段谈判与第一阶段不同的是，随着谈判次数的增加，双方谈判成本随之增加，双方承受能力逐渐减弱，则双方承担的风险为：

集体经济组织：

$$A_3 = \&_1 p (1 - R_2 - t_2) \tag{5.35}$$

企业：

$$G_3 = \&_2 p (R_2 + t_2) \tag{5.36}$$

若集体经济组织不转移风险，则双方承担的风险为：

集体经济组织：

$$A_4 = \&_1 (1 - p)(1 - R_2) \tag{5.37}$$

企业：

$$G_4 = \&_2 (1 - p) R_2 \tag{5.38}$$

上述公式相加可得第二阶段双方承担的第 j 种共担风险期望为：

集体经济组织：

$$A_{34} = \&_1 p (1 - R_2 - t_2) + \&_1 (1 - p)(1 - R_2) \tag{5.39}$$

企业：

$$G_{34} = \&_2 p (R_2 + t_2) + \&_2 (1 - p) R_2 \tag{5.40}$$

若企业认为集体经济组织在第二阶段提出的共担风险分担比例不合理，意味着第二阶段讨价还价博弈未能达成一致，则顺延到第三阶段讨价还价博弈阶段。在第三阶段讨价还价博弈由企业重新出价。

第三阶段：由企业先提出第 j 种共担风险的分担比例为 R_3，则集体经济组织承担的第 j 种共担风险的分担比例为 $1-R_3$，集体经济组织以概率 p 将此种共担风险比例 t_2 转移给企业。则第三阶段双方承担的风险为：

集体经济组织：

$$A_5 = \&_1^2 p (1 - R_3 - t_3) \tag{5.41}$$

企业：

$$G_5 = \&_2^2 p(R_3 + t_3) \qquad (5.42)$$

若集体经济组织不转移风险，则集体经济组织和企业承担的风险为：

集体经济组织：

$$A_6 = \&_1^2(1 - p)(1 - R_3) \qquad (5.43)$$

企业：

$$G_6 = \&_2^2(1 - p)R_3 \qquad (5.44)$$

上述公式相加可得第三阶段双方承担的第 j 种共担风险期望为：

集体经济组织：

$$A_{56} = A_5 + A_6 = \&_1^2 p(1 - R_3 - t_3) + \&_2^2(1 - p)(1 - R_3) \qquad (5.45)$$

企业：

$$G_{56} = G_5 + G_6 = \&_2^2 p(R_3 + t_3) + \&_2^2(1 - p)R_3 \qquad (5.46)$$

4. 模型的求解

在第二阶段若企业的风险期望值 G_{34} 大于在第三阶段的风险期望值 G_{56}，则企业肯定会拒绝集体经济组织在第二阶段提出的风险分担比例，则第二阶段谈判未达成一致，从而进行第三阶段讨价还价博弈。集体经济组织在第二阶段提出的最优风险分担比例是既要使企业在第二阶段提出的风险期望值 A_{34} 不大于在第三阶段的风险期望值 A_{56}，又要使自身所承担的风险期望值最小，所以综合考虑。在第二阶段最优的风险分担策略为 $G_{34} = AG_{56}$，即：

$$\&_2 p(R_2 + t_2) + \&_2(1 - p)R_2 = \&_2^2 p(R_3 + t_3) + \&_2^2(1 - p)R_3$$

$$(5.47)$$

逆向归纳到第二阶段，若集体经济组织在第一阶段的风险期望值 A_{12} 大于在第三阶段的风险期望值 A_{34}，集体经济组织会拒绝企业在第一阶段提出的共担风险分担比例，双方的讨价还价博弈则会进入到第二阶段。最优策略是既要使集体经济组织在第一阶段的风险期望值 A_{12} 不

大于在第三阶段的风险期望值 A_{34}，又要使自身承担的风险比例最小，即 $A_{12}=A_{34}$，

$$p(1-R_1-t_1)+(1-p)(1-R_1) \tag{5.48}$$
$$=\&_1 p(1-R_2-t_2)+\&_1(1-p)(1-R_2)$$
$$R_2=\&_2 R_3-pt_2+\&_2 pt_3 \tag{5.49}$$

联立上述两式可得：

$$R_1=1-\&_1+pt_1+\&_2\&_1 R_3-\&_2\&_1 pt_3 \tag{5.50}$$

结合转换理论的观点，即 $R_1=R_3$，则双方的风险分担比例为：

集体经济组织：

$$1-R=\frac{\&_2(\&_1-1)}{\&_2\&_1-1}+pt \tag{5.51}$$

企业：

$$R=\frac{\&_2-1}{\&_2\&_1-1}-pt \tag{5.52}$$

集体经济组织和企业双方实际承担的风险分担比例为：

集体经济组织：

$$1-R=\frac{\&_2(\&_1-1)}{\&_2\&_1-1} \tag{5.53}$$

企业：

$$R=\frac{\&_2-1}{\&_2\&_1-1} \tag{5.54}$$

第五节　风险分担博弈结果分析

基于非完全信息状态和地位的非对等性，构建集体经济组织和企业不同出价顺序的讨价还价博弈模型，对双方的共担风险分担比例展

开研究，得到共担风险分担的公式化结果。归纳总结集体经济组织先出价和企业先出价两种情况下双方的共担风险分担比例。

表 5-5 双方风险分担比例的最优均衡解

		集体经济组织先出价	企业先出价
集体经济组织	名义比例	$\dfrac{\&_1 - 1}{\&_2\&_1 - 1} + pt$	$\dfrac{\&_2(\&_1 - 1)}{\&_2\&_1 - 1} + pt$
	实际比例	$\dfrac{\&_1 - 1}{\&_2\&_1 - 1}$	$\dfrac{\&_2(\&_1 - 1)}{\&_2\&_1 - 1}$
企业	名义比例	$\dfrac{\&_1(\&_2 - 1)}{\&_1\&_2 - 1} - pt$	$\dfrac{\&_2 - 1}{\&_2\&_1 - 1} - pt$
	实际比例	$\dfrac{\&_1(\&_2 - 1)}{\&_1\&_2 - 1}$	$\dfrac{\&_2 - 1}{\&_2\&_1 - 1}$

从上述得到的双方共担风险分担比例的均衡解可知，双方的风险分担比例都与耗散系数 & 有关。

当集体经济组织先出价时，在 $0 < \&_1 < 0.5$ 范围内，集体经济组织和企业双方共担风险分担比例的均衡解存在相等的情况。当 $0 < \&_2 < 0.5$ 且 $0.5 < \&_1 < 1$ 时，集体经济组织对于某一共担风险需要承担的风险分担比例小于企业需要承担的风险比例。

当企业先出价时，在 $0 < \&_2 < 0.5$ 的范围内，双方共担风险分担比例的均衡解存在相等点。当 $0 < \&_1 < 0.5$ 且 $0.5 < \&_2 < 1$ 时，企业对于某一共担风险需要承担的风险分担比例小于集体经济组织需要承担的风险比例。

第六章 集体建设用地租赁住房
建设融资

第一节 现行集体建设用地租赁住房项目
融资模式

一、集体租赁住房融资现状

根据现有试点项目的融资进行分析，主要分为五种融资模式。

1. 农村集体经济组织单独出资模式

农村集体经济组织单独出资进行集体租赁住房建设。该种模式可以分为：第一，集体经济组织依靠自身积累的资金进行投资，要求集体经济组织的资金较为雄厚，能够承担前期开发建设和后期运营的全部资金需求。第二，集体经济组织向集体内部成员公开筹资，在集体经济组织资金缺乏时，采取内部融资模式来解决建设资金短缺的问题，集体内部成员投入不低于集体经济组织规定数额标准的资金，待项目运营产生收益后，集体经济组织按照集体成员出资额多少进行收益分配，或一次性偿还成员投入资金。第三，集体经济组织向外部借贷，在内部融资数额不能满足需求并且集体成员代表协商一致的情况下，村集体通过集体资产的抵押、担保等，向村集体外部的个人或者企业、银行进行借贷的方式，解决建设资金问题。目前，采用农村集体经济组织独立资金为主融资模式的试点城市主要有北京、上海、杭州、南京等试点城市。

2. 农村集体经济组织与企业联营、入股融资模式

农村集体经济组织与企业（大多是国有企业）联营是指村集体与企业签订合作协议，成立合资公司，由合资公司进行集体建设用地租赁住房的开发与管理。根据我国现行政策，联营的合作企业在新企业中的持股比例不超过 49%，并保证集体经济组织的保底收益。从各试点城市情况来看，我国大部分试点城市采用联营的方式进行试点项目融资，其典型代表试点城市有武汉、郑州、南昌、厦门等。

农村集体经济组织入股，即将集体建设用地作价入股给合作方，合作方负责集体建设用地租赁住房的建设和运营，而农村集体经济组织仅以股东的身份凭借所持股份参与公司的决策和后期经营收益的分红。目前，沈阳、青岛、肇庆、贵阳等几个城市在实施方案中提及可采用单一的土地入股方式融资。

3. 政府主导的融资模式

政府主导的融资模式并不能简单理解为政府直接参与投资进行集体租赁住房建设，但是面对资金短缺、无法顺利开展建设等问题时，政府为了帮助农村集体经济组织解决集体租赁住房建设过程中资金不足的瓶颈问题，一般政府进行统一趸租，趸租的方式以往主要表现为政府集中租赁农民回迁房，改造为公租房，提供给公租房需求者，先期一次性支付 5 年或 5 年以上的租金。在集体租赁住房建设中，政府采用趸租的方式，预付若干年租金，利用该笔租金进行集体租赁住房建设。目前采用此种融资模式进行试点项目筹资的典型代表为北京市、海口市。

4. PPP 融资模式

集体建设用地租赁住房 PPP 融资模式是一种政府和私人组织共同出资参与集体建设用地建设租赁住房项目建设的新型融资模式。北京市唐家岭率先将 PPP 融资模式引入集体建设用地租赁住房项目。首先，

由政府与农村集体经济组织就土地用途问题进行谈判，政府取得集体建设用地使用权。其次，政府通过公开招标的方式，选择信用良好且具有资质的房地产开发商作为集体建设用地建设租赁住房PPP项目的合作方，并共同出资成立特殊项目公司（SPV）。SPV项目公司分别与建设公司和管理公司签订合同，分别负责集体建设用地租赁住房的建设与管理。最后，建设完成后，由政府出资建立集体租赁住房保障房运营管理平台，负责集体租赁住房的运营，通过与承租人建立真实的租赁关系实现资金的回笼。

5. REITs 融资模式

集体建设用地租赁住房 REITs 融资是指委托专门的投资机构通过发行集体建设用地租赁住房资产的受益凭证来募集社会投资者的资金用于集体建设用地租赁住房建设的一种新型的融资模式。2018年，国家发改委联合证监会印发的《关于推进住房租赁资产证券化相关工作的通知》，首次提出重点支持集体建设用地租赁住房试点城市开展房地产投资信托基金（REITs），为各个试点城市将 REITs 引入集体建设用地建设租赁住房项目提供了有力的政策支持。

表6-1　现行融资模式对比分析

融资模式	融资主体	优势	局限性	布局城市
联营	村集体、私人组织	①引入外部融资，克服村集体资金不足问题②引进了技术、人才，使得项目运营更加规模化、集约化、专业化	①对于联营合作方有较高的准入标准，大多要求国有企业②缺乏政府的引导和监督	南京、佛山、成都、郑州、厦门、合肥、福州、沈阳、青岛、南昌、海口、肇庆、贵阳、武汉
入股	村集体、私人组织	①引入外部融资，克服村集体资金不足问题②引进了技术、人才，使得项目运营更加规模化、集约化、专业化	①物权与所有权传统观念较强，村集体仅以土地入股方式参与项目建设的意愿不强烈②缺乏政府的引导和监督	南京、合肥、佛山、福州、沈阳、青岛、南昌、海口、肇庆、贵阳

续表

融资模式	融资主体	优势	局限性	布局城市
村集体自筹	村集体	规避多元投资主体参与所带来的运营风险，较好地保障村集体收益	融资渠道单一，仅适合经济实力雄厚的试点地区	北京、上海、杭州、佛山、青岛、贵阳
村集体自筹与土地使用权抵押融资相结合	村集体、金融机构	引入金融机构，为项目提供长期稳定的资金支持，解决融资困难的难题	①尚未完全放开金融信贷服务，限定特定的金融机构参与项目融资②相关的金融服务的配套机制不完善，金融机构参与融资的积极性不高	南京、佛山、海口
政府主导	村集体、政府部门	引入政府部门，发挥政府的引导作用	地方政府财政压力较大，仅适合地方财政收入较高的地区	北京、海口
PPP融资模式	村集体、政府部门、私人组织、金融机构	①引入民间企业、金融机构解决了项目资金不足的问题②引入政府部门，保障村集体收益与社会福利	私人组织要依靠周期较为漫长的集体建设用地租赁住房项目本身运营收入而获得资本的回收，企业退出不顺畅	北京
REITs模式	村集体、私人组织、广大投资者	引入广大的民间投资者参与项目融资，能够较高效地筹集足够的项目资本金	集体建设用地租赁住房REITS收益率较低，对投资者吸引力不够②缺乏政府的引导和监督	佛山

二、不同模式的适用性区别

1. 农村集体经济组织与企业联营、入股融资模式

联营模式很大程度上克服了村集体经济实力薄弱、人才匮乏的现实问题，且能够比较好的发挥联营后的资金实力雄厚、大规模开发建设能力提升的作用，有利于推动试点项目开发和运营管理趋向规模化、

集约化、专业化。值得注意的是，大多数试点城市实施方案中，在项目申报主体、融资的相关表述上，强调了入股、联营的合作企业应具有"国有企业"身份。对于联营合作企业的资格限制，很多民营企业和资本无法参与到集体建设用地租赁住房试点中来，在一定程度上阻碍了试点项目的融资与项目的发展。此外，单一的联营模式缺乏政府的引导与监督，不利于保障村集体的收益与社会福利。

入股模式，即集体经济组织仅依靠集体建设用地作价入股，不用投入集体租赁住房建设资金，通俗地讲就是"只出地，不出钱"，参与的合作企业需要自身具有雄厚的资金实力，能够实现整个集体租赁住房项目的建设与运营。但由于我国物权与所有权传统观念深入人心，村集体单纯将土地作价入股给合作公司，仅以股东的身份凭借所持股份参与公司的决策和后期经营收益的分红情况较少。与联营融资模式相似，入股模式同样也缺乏政府的引导与监督。

2. 以农村集体经济组织独资为主融资模式

独资的融资模式适用于一线城市具有稳定持续收入、经济实力雄厚且开发意愿强烈的城中村和城乡接合部地区的农村集体经济组织，通常可以规避多元投资主体参与所带来的运营风险，最大程度上保障村集体的收益。但对于经济实力一般或薄弱的农村集体经济组织，自筹方式资金来源渠道过于单一，极易引发因资金不足而无法启动或因资金供应不能持续而出现建设过程中停工停建的现象。

农村集体经济组织内部公开筹资以及集体资产抵押融资是集体经济组织独资模式中的其他两种情形。该融资模式较为巧妙地结合了农民手中分散的资金和金融机构雄厚的资金实力，金融机构提供的长期、稳定资金支持很大程度上解决了集体建设用地建设租赁住房融资难、融资贵的难题。但需要指出的是，如果是向集体经济组织内部成员进行内部公开筹资，虽然能够调动成员的投资意愿，增加成员的投资收益，但对于能够筹资到多少资金无法进行保证，并不能从根本上解决资金问题。对于采用抵押融资，在符合银行信贷部门相关要求的前提下，可以通过集体经济组织的其他资产进行抵押贷款、筹集资金。如果无资产可用于抵押贷款，集体经济组织往往想通过以集体建设用地使用权进行抵押融资，但由于一些试点城市尚未完全放开金融信贷服务，而是规定特定的金融机构参与试点项目融资，金融机构为集体建设用地建设租赁住房提供金融服务的配套机制尚不完善等原因，综合导致金融机构对集体建设用地使用权进行抵押融资的信贷积极性普遍不高，缺乏政策保障。

3. 政府主导的融资模式

该融资模式要求试点城市能够对集体租赁住房纳入政府租赁住房保障系统中，进行统一运营与管理，政府仅是提前支付一定时间内的房屋租金。政府承担了集体租赁住房建成运营后的一切管理工作，所以要求地方政府具备充足的财政资金，充分发挥政府的主导作用，具有较好的社会效益。但对于我国大部分试点城市，地方政府面临着多方面的财政支出压力，是否可以为集体建设用地建设租赁住房提供稳定且可持续的资金支持，尚需要进行考量。

4. PPP 融资模式

在集体租赁住房建设中，PPP 融资模式进行了必要改进，该融资模式引入了社会资本为集体建设用地租赁住房的建设提供稳定的现金流，解决了资金不足的问题，同时引入了政府责任，避免民间企业介入过深而损害村集体收益与社会福利。PPP 融资模式存在的不足是参与集体租赁住房项目建设的社会资本往往要依靠周期较为漫长的集体建设用地租赁住房项目本身运营收入而获得资本的回收，可能会影响社会资本参与项目融资与建设的积极性。

5. REITs 融资模式

该融资模式极大地吸引广大的民间投资者参与项目融资，有利于解决集体建设用地租赁住房项目融资困难、渠道单一等问题。但单一的集体建设用地租赁住房 REITs 融资也存在明显不足：首先，我国集体建设用地租赁住房是具一定民生性质的项目，相较于一般的商业租赁住房项目投资而言，具有较低的投资收益率，对广大投资者吸引力不明显；此外，单一的集体建设用地租赁住房 REITs，缺乏政府的引导与监督，也可能会出现民间企业介入过深，不利于保障村集体的收益与社会福利。

第二节 REITs 融资模式

2021 年 6 月 29 日，国家发改委颁布《关于进一步做好基础设施领域不动产投资信托基金（REITs）试点工作的通知》，将保障性租赁住房列入基础设施领域不动产投资信托基金（REITs）试点项目申报范围内。尽管集体建设用地租赁住房项目建设属于市场行为，具有盈利属性，但同样归属于保障性租赁住房范畴。国家发改委文件的出台，为集体建设用地租赁住房项目建设破解融资难题开辟了新思路，集体租赁住房采用公募 REITs 融资模式得到了政策支持。以集体建设用地租赁住房项目融资为出发点，研究公募 REITs 运用于集体租赁住房领域的可行性及运作模式，为解决集体租赁住房融资难题提供参考。

一、集体租赁住房公募 REITs 融资的可行性

1. 国家政策环境利好

近年来，国家出台一系列政策，鼓励集体租赁住房领域进行资产证券化探索，推进集体租赁住房 REITs 试点，积极推动公募 REITs 落地发展。2016 年《关于加快培育和发展住房租赁市场的若干意见》、2018 年《住房城乡建设部关于推进住房租赁资产证券化相关工作的通

知》、2021 年《关于进一步做好基础设施领域不动产投资信托基金（REITs）试点工作的通知》，将集体建设用地租赁住房发行公募 REITs 的探索推上了新的台阶。

除此之外，税费方面，国家同样给予了政策支持。2021 年 7 月，财政部出台《关于完善住房租赁有关税收政策的公告》，经营出租住房业务的住房租赁企业，可按 1.5% 的税率缴纳增值税。税率的降低，有利于解决租赁住房公募 REITs 所面临的税收难题，提高 REITs 的收益率，吸引更多的企业投资 REITs。

2. 类 REITs 与基础设施 REITs 提供了实践经验

2002 年，我国房地产信托业务诞生，经过十几年的摸索，从 2014 年起，我国类 REITs 业务迎来快速发展时期。2017 年 11 月，公寓类 REITs 项目"新派公寓权益型房托资产支持证券"落地，为开发商自持住宅资产探索了新的路径。2018 年 2 月，首单百亿级租赁住房 REITs——"中联前海开源–碧桂园租赁住房一号资产支持证券"通过深交所审核，提振了市场信心。租赁住房类 REITs 的蓬勃发展为租赁住房公募 REITs 的发行积累了宝贵经验。

另一方面，基础设施 REITs 的试点为租赁住房公募 REITs 提供了较为成熟的运行模式。2021 年 5 月首批试点的 9 单基础设施 REITs 产品在交易结构、相关政策体系、监管规则等方面均获得市场的广泛认可，为构建租赁住房公募 REITs 的融资结构和管理体系提供了有益参考，租赁住房公募 REITs 的发行有经验可循。

3. 公募 REITs 融资优势明显

首先，公募 REITs 比类 REITs 的投资门槛低，加之基金份额具有流动性，退出渠道通畅，投资者可以在二级市场上交易，实现资本退出，因此公募 REITs 对投资者的吸引力较强。其次，公募 REITs 能够盘活存量资产、快速回笼资金，回收后的资金可直接用于偿还存量债务和投资新项目。除此之外，公募 REITs 属于权益型融资工具，能够优化融资结构，提高直接融资比重，降低租赁住房开发商的资产负债率。

4. 租赁住房发展前景可观

投资者将资金用于投资，购买理财产品，是为了取得高于银行储蓄的投资回报。只有租赁住房公募 REITs 具备可观的收益率，才能吸引到投资者。2020 年第七次人口普查统计数据显示，我国现有流动人口数量为 3.76 亿，在 18 个开展租赁住房试点的城市中，大多为区域内人口流入型城市，如上海流动人口 1047.97 万人、广州为 937.88 万人、北京为 841.84 万人、成都达到 845.96 万人，此外厦门、合肥、武汉、青岛、沈阳等城市流动人口均在 200 万人以上，分别为 271.50、444.23、394.54、286.69、238.68 万人。庞大的流动人口规模带来了旺盛的租赁住房需求，使得租赁住房项目具备持续经营能力和较好的增长潜力。租赁住房发展前景乐观，具有长期投资的价值，能够成为公募 REITs 优质的底层资产，符合公募 REITs 发行条件。

二、集体租赁住房公募 REITs 融资模式分析

1. 集体建设用地租赁住房公募 REITs 融资结构设计

2020 年 8 月中国证监会发布《公开募集基础设施证券投资基金指引（试行）》，对公募 REITs 的设立、运行等做出了相关规定，按照文件规定要求并紧密结合集体租赁住房开发运营的特点，制定集体建设用地租赁住房公募 REITs 融资结构。公募 REITs 采取以公募基金通过资产支持证券（ABS）持有项目公司股权和债权，从而间接取得集体建设用地租赁住房经营权的结构。融资结构中主要有原始权益人、投资者、基金管理人、基金托管人、资产管理公司、租户、政府等参与主体。其中原始权益人又可以作为投资者，参与认购基金份额；资产管理公司由基金管理人选定，对基金管理人负责。具体融资结构如

图 6-1。

2. 集体建设用地租赁住房公募 REITs 融资运作框架

首先，资产重组阶段，集体租赁住房开发商作为原始权益人，设立项目公司（SPV），将集体租赁住房资产转让给项目公司，从而实现破产隔离，起到保护投资人利益的作用。

其次，发行设立阶段，项目公司通过招标、协议等方式选定经验丰富的金融机构充当基金管理人。基金管理人以集体租赁住房资产为标的，设立公募基金，发行基金份额募集资金，负责基金运作管理。同时，项目公司委托资产支持证券管理人设立资产支持证券（ABS）。为避免不同资产管理人之间产生利益冲突，要求资产支持证券管理人与基金管理人需具有实际控制关系或者为同一控制，以保证各级资产管理人实现内部管理，减少利益冲突，提高决策效率。

发行结束后，项目公司选定经验丰富、信誉良好的金融机构，担任基金托管人和资产支持证券托管人，分别负责保管基金资产和资产支持证券（ABS）资产。同理，基金托管人和资产支持证券托管人需为同一机构，以防止产生利益冲突。

最后，项目运营阶段，基金管理人设立专门子公司或者委托外部集体租赁住房管理公司，负责集体租赁住房运营管理，若原始权益人拥有丰富的集体租赁住房运营经验，可委托其担任资产管理公司，但基金管理人的责任不可因委托而转移。政府将资产管理公司和租户纳入租赁住房服务监管平台，组织住房租赁合同签约并进行备案，实时监管租金水平。

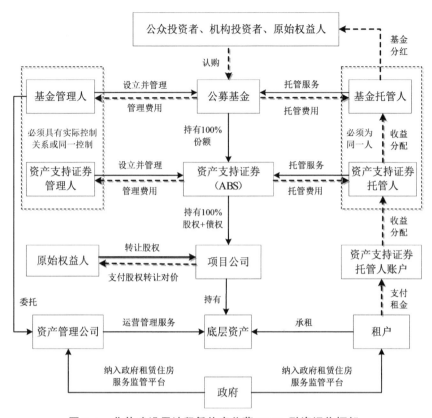

图 6-1　集体建设用地租赁住房公募 REITs 融资运作框架

3. 集体建设用地租赁住房公募 **REITs** 融资模式要点分析

结合公募 REITs 融资结构，并根据集体租赁住房建设实际情况，将选择优质原始权益人、优选土地供应方式、遴选搭配底层资产三个方面作为要点进行分析，寻求提高公募 REITs 收益率的举措，从而达到吸引投资者投资、成功募集资金的目的。

（1）选择优质原始权益人

在 18 个试点城市中，集体租赁住房项目大多采用的是集体经济组织与企业合作开发、企业主导开发两种模式，参与集体租赁住房开发的企业大部分为国企，如上海市有 92% 的集体租赁住房项目为国企主导开发。除此之外，部分试点城市如厦门、郑州明确规定集体租赁住房仅能由国企参与建设。国企的优势显而易见：第一，项目审批阶段，办理项目立项、规划许可等手续时，国企更容易得到批准，这将缩短集体租赁住房建设周期，早日投入运营；第二，国企有政府财政支持，资金来源有保障，极少出现因资金不足使得项目停滞的局面；第三，国企的社会认可度高，以国企作为原始权益人，发售基金份额时容易取得投资者青睐，进而有助于实现资金募集目标。由此可见，国企参与集体租赁住房开发建设，拥有政策、资金、社会认可度等方面的优势，可以提高公募 REITs 产品吸引力，成功募集资金。

（2）优选土地供应方式，降低土地获取成本

土地成本作为集体租赁住房建设成本的重要组成部分，直接影响着房屋租金水平。倘若通过选取合理的土地供应方式，降低土地获取成本，这样既可以提升集体租赁住房在市场上的竞争力，提高房屋出租率，增加营业额，同时，在土地成本降幅大而房屋租金降幅小的状态下，也能够扩大收益空间，提高公募 REITs 的收益率。土地供应方式由集体租赁住房开发模式决定，若要选择合理的土地供应方式，必须先确定开发模式。集体经济组织与企业合作开发模式下，土地由集体经济组织提供，以作价入股的形式参与到集体租赁住房开发。而在企业主导开发模式下，集体建设用地使用权的获取则依赖于承租、出让等方式。上海华润有巢国际公寓社区，是典型的以出让方式获得集体建设用地使用权的集体租赁住房项目，开发商华润置地支付了 1.25 亿元的集体土地使用权出让金，这必然会加重集体租赁住房的建设成本，进而转移到房屋租金上。相比之下，武汉藏龙岛项目——由国企藏龙集团与集体经济组织合作开发，集体经济组织以土地作价入股，获得项目分红收益。因此，企业可采取与集体经济组织合作的开发模式，由集体经济组织提供土地，从而降低土地获取成本。

（3）遴选搭配底层资产

集体租赁住房所带来的现金流关系到投资者的收益状况。若集体租赁住房盈利能力低，难以满足投资者对回报率的要求，则公募 REITs

将难以为继，无法实现持续运营。目前已运营的集体租赁住房项目收益率普遍较低，仅维持在 4%—5% 的水平内。为此，在得到政策支持后，可尝试将集体租赁住房配建的商业配套一同纳入底层资产范围内，通过出租商业配套获得租金收入，以此带动底层资产的现金流，提升底层资产的收益率。

除此之外，关于公募 REITs 底层资产的遴选，《基础设施领域不动产投资信托基金（REITs）试点项目申报要求》中做出了相关规定：项目运营时间原则上不低于 3 年；已产生持续、稳定的现金流，投资回报良好，具有持续经营能力和较好增长潜力；预计未来 3 年净现金流分派率原则上不低于 4%。底层资产遴选的高标准严要求，能够确保进入市场交易的公募 REITs 为优质品，从而保证投资者获得安全、稳定、可观的收益，降低投资风险。

三、集体租赁住房公募 REITs 融资的建议

1. 打造优质资产管理公司

资产管理公司负责集体租赁住房运营管理，发布房屋出租信息，设定合理租金价格，吸引租户承租，提供有效优质服务，实现集体租赁住房居住功能。同时，资产管理公司需维持集体租赁住房现金流，使集体租赁住房具备盈利能力，收益率可观，以满足投资者对回报率的要求。资产管理公司的资本运营和物业管理能力，对集体租赁住房盈利水平以及公募 REITs 收益率有重要影响，打造优质资产管理公司至关重要。优质资产管理公司必须做到以下三点：第一，密切关注国家及地方政府出台的集体租赁住房相关政策，例如 2021 年 7 月财政部针对住房租赁企业出台降低增值税税率的优惠政策；第二，准确把握住房租赁市场发展动向，合理设定房屋租金、租期，保证集体租赁住房拥有合理稳定收益，严禁出现以租代售、小产权房等非法行为；第

三，采取合适的运营模式，例如将集体租赁住房纳入政府集体租赁住房服务监管平台，接受政府部门监督管理，租赁合同进行备案，借此取得租户的信任，提高出租率。

2. 优化公募 **REITs** 融资结构

受制于我国现有的《证券法》《证券投资基金法》及其他法律法规，目前公募 REITs 普遍采用的是公募基金+资产支持证券（ABS）的融资结构。这一融资结构能减少公募 REITs 发行所面临的法律障碍，但同时产生了复杂的委托代理关系：基金管理人与基金托管人受项目公司委托，资产管理公司受基金管理人委托。公募 REITs 需向受托人支付管理费用，因此诸多的委托代理关系增加了运营成本，使得公募 REITs 的收益空间缩小，进而压低投资者的回报率。除此之外，若委托代理人与投资者存在利益冲突，还有可能产生委托代理风险。

集体租赁住房公募 REITs 的发展，需要国家政策的有力支持，以突破现有金融法律体系框架的束缚，探索更加高效的融资结构。比如，一些学者提出了留公募基金一层、"ABS 公募化"或者直接走公司制等想法，以简化交易结构，减少代理层级，从而优化公募 REITs 融资结构，降低成本，扩大收益空间。另外，需要完善公募 REITs 内部治理机制，明确各主体权利职责，加强信息披露，建立奖罚机制，提高公募 REITs 运营效率。

3. 出台公募 **REITs** 税收优惠政策

从国外 REITs 发展的历程看，REITs 的快速发展，离不开税收政策的支持。美国从 1960 年起 6 次颁布与 REITs 相关的税收法案，每一次税收法案出台后，REITs 的市场规模都会迎来上升期，例如有税法规定，项目公司若将 90% 的收益分配给投资者，则可以免缴企业所得税。目前我国在 REITs 税收管理上，出现双重征税的局面，即项目公司与投资者均需缴纳所得税；此外，公募 REITs 设立环节涉及多个税种，原始权益人转让底层资产、资产支持证券（ABS）认购项目公司股权和债权均需缴纳所得税、印花税等税种。

集体租赁住房底层资产规模大，资产交易涉及的税费种类繁多，即便是 1% 的税率，都有可能带来高额的税费成本，这固然能够增加政府财政收入。但从长远来看，由于集体租赁住房盈利空间有限，税收过重将会打击原始权益人和投资者的积极性，不利于 REITs 市场的繁荣发展。尽管不久前国家出台了鼓励住房租赁市场发展的税收优惠政策，将增值税税率降为 1.5%，但这还远远不够，需要国家继续推出税收优惠政策以助力集体租赁住房公募 REITs 发展。

第三节 PPP 融资模式

一、PPP 融资模式的特点

PPP 是指公私合作伙伴关系，一般定义为：公共部门和社会资本为了某可行性项目的建设而建立的合作关系。PPP 融资模式的特点主要为：

1. 模式中的融资主体是以项目为核心

进行融资方案选择时，可以参考集体租赁住房项目的预测收益、投入资金以及政府的补助程度，项目融资的规模和个数、成本和结构与项目运营所产生的价值有着重要的关系。

2. 有限的追索贷款的含义

关于 PPP 项目的融资属于有限的追索贷款，债主可以在任何阶段对欠款者进行随时追踪，或者对项目公司进行追索。如果出现项目因资金问题，致使还款者不能依靠自身力量达到还款目的时，除去项目资金、现金和政府承担义务之外，债权人不能索取债务人的其他资产。

3. 合理分配项目风险

通过对正在开发的项目进行风险分析，项目管理人员利用 PPP 模式能够预测风险系数较大且不适合进行融资的项目，根据预测得出的结果能够进行是否投资的决定。根据预测结果，针对可以进一步执行的项目采取各个阶段的风险分析，再者依据项目的介入方可以承担的资本进行风险因素等方面的正确合适的分配，落实参与方各自需要承担的责任，及时调整风险所带来的困难，并提前准备补救措施。

4. 资产负债表外的融资

项目推进进程中的借款人，会由于 PPP 模式中的有限追索性这一特点在一定意义上需要承担有限责任，对项目融资进行详细的结构设计，能够有助于投入资金的公司设置为非公司的负债性融资。

二、PPP 模式的可行性

集体租赁住房的性质起着非常关键的作用。与一般的普通住房建设项目不同之处，首先是面向的群体不同，它具有特定的承租群体，而且相比较而言其属于一种社会福利产品，以上便决定了它的排他性和非竞争性，这对于集体租赁住房可以用 PPP 模式是非常重要的。

国家政策以及相关法律的支持。近些年，国家颁布了一些相应的指导意见，在这些指导意见中非常明确地提出，"要加快发展集体租赁住房，政府要起到组织的作用，社会要积极地参与其中"，有了相关法律政策的支持，PPP 融资模式应用到集体租赁住房的建设才有了强有力的基础。

三、集体租赁住房 PPP 模式运作机制

集体租赁住房 PPP 模式具有比较复杂运作过程，需要投资的资金

额度非常大，项目建设的周期也比较长，而且除了由政府进行干预外，市场机制也会相互结合起来，形成了混合的经济特色。

1. 开发建设阶段

在这个阶段中土地是由集体经济组织负责的，而且是无偿使用的，因此社会资本不需要担心因土地因素而阻挠项目的进行。在这个阶段中政府的目的就是要开发建设集体租赁住房，所以对于集体租赁住房而言，政府属于其投资经纪人，政府需要找到适合的拥有较大资金实力的社会实体，利用社会资本的资金来保证项目的实施，但是在项目的建设过程中政府要做到减少对社会资本的管控，将社会资本的一些优势尽可能地发挥出来。

2. 实施运营阶段

考虑到集体租赁住房的特殊性，政府的政策需要做出适当的调整，对社会资本来说获得的盈利是非常小的，所以为了吸引社会资本参与进来，在这运营阶段可以采取多种优惠的政策间接减少社会资本的压力。例如，在集体租赁住房建设完成以后，将一定期限的经营管理权归社会资本所有，在这个期限里，社会资本可以对集体租赁住房收取租金。除此之外，在物业和广告经营等方面村集体也可以将所有权交给社会资本，毕竟其曾投入大量资金，将这些作为回收资金来保证社会资本的利益。当该期限的时间结束后，社会资本就不再拥有所有权，此时其可以有两个选择，可以将集体租赁住房交还给集体经济组织，或者也可以将集体租赁住房进行市场化交易，但是在收益的收取方面需要双方进行商定，必须将收益按一定的比例进行提留，还需考虑到集体租赁住房在后期的开发。

第四节　租金收益权质押

2020 年 9 月，住房和城乡建设部制定的《住房租赁条例（征求意见稿）》向社会公开征求意见。这个文件明确表示，国家支持金融机构按照风险可控、商业可持续的原则创新针对住房租赁的金融产品和服务，支持发展房地产投资信托基金，支持住房租赁企业发行企业债券、公司债券、非金融企业债务融资工具等公司信用类债券及资产支持证券，专门用于发展住房租赁业务。住房租赁企业可以依法质押住房租赁租金收益权。对于以轻资产模式运营的集体租赁住房，类 REITs 和 CMBS 都不适用。这类集体租赁住房企业可以通过租金收益权 ABS 进行融资。

一、租金收益权概述

1. 质押

按照我国担保法的规定，质押包括动产质押和权利质押两种。但我国担保法未规定质押的概念，仅规定了动产质押的概念。动产质押，是指债务人或者第三人将其动产移交债权人占有，将该动产作为债权的担保。债务人不履行债务时，债权人有权依照本法规定以该动产折价或者以拍卖、变卖该动产的价款优先受偿。

2. 租金收益权

租金收益权 ABS 即是以租金收益权为底层资产，实质上是一种应收账款类资产证券化，不涉及不动产抵押或者出售。

3. 租金收益权质押

租金收益权质押是指为担保债权的实现，由债务人或者第三人将其租金收益权设定质权，在债务人不履行债务时，债权人有权依法就该租金收益权的变价款优先受偿的担保方式。

4. 具体做法

一般是设立私募基金或者信托，将不确定的租金收益转为确定性更强的信托收益权，通过双层 SPV 架构进行发行。资产运营方本身不一定拥有集体租赁住房的产权。该模式门槛较低，可以供二房东类、分散式的轻资产类长租公寓企业使用。在实际操作层面，除直接将租金的应收账款进行资产证券化外，还有通过为承租人代付租金将其转化为承租人的租金消费贷款进行操作，这样入池的贷款是已经发生的借贷行为。

从产品特点来看，租金收益权 ABS 往往不具有物业的所有权，所以对于金融机构而言，其无法提供抵押担保。同时因为其物业是租来的，也存在着房源风险。此外，也存在一定的房源空置风险。因此，这类产品一般会采用多重增信措施来保障本息。

二、租金收益权如何质押

1. 租金收益权质押方法

（1）必需签订租金收益权质押合同。集体租赁住房在进行租金收益质押的时候，在合同中要约好相关的违约责任。在合同中也要注明：租金收益权质押的解除。如果出资人全部清偿被担债务及借款人已履行贷款合同及其他融资文件的全部条件及义务后，质权人须尽快把租赁合同归还质押人，解除本合同项下的质押，一切因此而发生之费用由出质人承担。

（2）租金收益权应当属于权利质押范畴。可以出质的权利应当具有以下要件：第一，必须是私法上的财产权，人格权、亲属权、继承权不能作为质权标的。第二，必须是可让与的财产权。

（3）从目前的《民法典》（物权）和担保法来看，并未明文规定或设定所谓的租金收益质押权。而司法实践中，有可能面临承认与否之的局面。而且即使获得认可，其与其他担保权利发生冲突时，其效力的优先次序亦是盲区。因此，资金方应谨慎评估租金收益质押之法律地位，采取较物业抵押登记更为谨慎的需求方信用风险评价及更为严格的风险控制措施。

2. 租金收益权质押需要的材料

（1）需要签订合同。在签订合同的时候，在合同中应该明确双方已签订质押合同及由质权人办理质押登记借款人。

（2）为企事业单位或其他单位及组织的，应向贷款人提供下列资料：《借款申请书》；还需要提供已年检的营业执照或其他相关登记证、组织机构代码证、税务登记证、公司章程、法定代表人或负责人身份证明。

3. 租金收益权质押流程

（1）携带相关证件。在进行租金收益权质押的时候，要携带好本人身份证及复印件还有其他的一些相关的证件。

（2）签订租金收益权质押合同。出质人和质权人双方签订租金收益权质押合同。在合同中应该把出质人和质权人所在的具体的公司地址写清楚。并且经双方协定一致签订合同。在合同中要把应该注意的一些事项都要写全面。避免漏洞出现，导致纠纷。然后双方签字并盖章。

（3）双方在签订租金收益权质押合同的时候，必须是以书面合同为准，不可以口头约定或者写个证明之类的为准，如果这样做，发生责任纠纷不受法律保护。所以说在签订合同的时候要以书面合同为准。

（4）工商管理部门办理租金收益权质押登记。到工商管理部门合同见证科去办理质押登记。租赁应当是有特定部门管理的，所以应当到特定部门登记。这是质押生效的必要条件。

第七章 集体建设用地租赁住房建设收益分配

第一节 集体建设用地租赁住房收益分配现状

一、集体租赁住房收益的形成

集体建设用地租赁住房的收益是指所获得的市场化租金减去建设运营成本后的利润收益。在《试点方案》中，允许利用集体建设用地建设租赁住房，项目建成入市后势必产生一定的收益，合理的收益分配是落实好试点工作的重要一环，也是各试点城市必须明确的，农村集体建设用地使用者作为土地使用权人，其所有权是由集体内部成员所拥有的，农民有作为集体内部成员的权利。从形成过程来看，建设集体租赁住房收益主要体现在项目投入使用后产生的租金收益，对项目投资产生的资产收益等其他交易方式产生收益的增加，由于涉及多方权益主体，收益分配成为必须重视的问题。

二、集体租赁住房收益分配主体

1. 农村集体经济组织

农村集体经济组织管理着集体的资产，对集体资产进行合理利用和有效保护，行使农村集体经济组织的公共管理职能。在集体租赁住房项目开展前，可以作为农村集体内部成员的代表，与政府进行协商、与各企业单位沟通合作。集体建设用地建设租赁住房需要资金和专业化的建设、运营管理能力。但集体经济组织缺乏大量的资金、人力、物力，独立完成的难度比较大。集体经济组织与企业合作所获得收益是根据双方主体前期的投入情况来确定，因此，农村集体经济组织是参与集体租赁住房收益分配的主体之一。

2. 农民

农民是农村集体经济组织的内部成员，农村集体经济组织由农民组成，在集体建设用地上是否具有建设集体租赁住房的可行性要充分尊重农民的意愿，以保护农民的基本权益为出发点和落脚点，以改善农村生活品质，提高农民收入为目标。农民有权参与集体租赁住房的前期决策和后期的收益分配，并对项目实施全过程有知情权和决策权。集体建设用地建设集体租赁住房方案要明确农民的主体单位，保护农民的基本权益不受侵害。农村集体经济组织是收益分配的主体之一，自然而然农民也是收益分配的主体，是收益分配的最小单元。

3. 合作企业

由于农村集体经济组织缺乏资金和后期专业化的运营管理能力，合作企业可以为该试点方案的前期建设提供资金，后期的运营维护提供专业化的管理，多数试点城市鼓励农村集体经济组织与企业合作，目前企业与农村集体经济组织合作已成为众多试点城市采取的主流方法。企业在项目的全过程中可以扮演多个角色，可以分为仅参与前期建设的企业，为前期建设提供资金；负责后期运营租赁的企业，提高该项目的专业化和标准化运营租赁水平，因此合作企业也是收益分配的主体之一。

4. 地方政府

地方政府是行使各项职能的公共管理部门，以公共利益为目标，对社会经济生活进行管理。地方政府作为市场的监督者对市场进行宏观调控，规范市场行为，提供公共产品和服务。地方政府不直接参与集体建设用地租赁住房的建设运营过程，因此不参与项目投入使用后的直接收益分配。地方政府在建设公共设施和规范市场行为等方面发挥着重要的作用，通过税收和土地收益调节金的方式参与分配，可以认为政府也是收益分配的主体之一。

三、集体租赁住房收益分配原则

收益分配方式的选择是在开发模式确定的基础上完成的，集体经济组织在确定开发模式时要充分考虑自身的经济情况，结合自身情况和政策形势等，理性地做出判断。在开发模式确定的基础上，集体经济组织与成员或合作企业就收益分配的方式和份额达成一致，保证各主体的权益。将集体建设用地租赁住房收益分配的原则总结为：应与现实相匹配、应科学分配收益和风险、应兼顾公平、效率和民主。收益分配的原则如下：

1. 应与现实相匹配

集体经济组织应结合自身的实际情况选择最有利于自己的开发模式，从而进一步确定收益分配的方法，不同的收益方法具有明显的差异性，任何一种收益分配方式都有其利弊关系，集体经济组织要根据自身实际情况进行选择，每个集体经济组织的内部情况和外部环境不同，综合考虑自身的经济情况、政策环境、市场状况，从而做出最优的选择。

2. 科学分配收益和风险

由于集体经济组织有权选择是否与企业合作和出台的相关文件对集体经济组织的过于保护，使得集体经济组织在与企业的合作谈判中占据主动地位，在收益方面除了保证集体经济组织的固定收益外，还根据承租率的情况获得相应的租金分红，变向使企业承担过多的风险。集体建设用地建设租赁住房要想成为可复制、可推广的改革成果的关键之一就是激发企业投入到该项目的积极性，若使企业承担更多的风险则不利于该项目在全国范围内的推广和普及。

3. 兼顾公平、透明的基本原则

集体经济组织无论是采用何种方式在村民内部进行收益的二次分配，都应根据村民在项目建设前期的投入情况做到公平分配，集体经济组织所获得的收益应及时向村民公示并接受政府相关部门的监管，确保资金流向的透明性，要彰显村民小组的独立性和组民之间的平等性。

四、集体租赁住房收益分配方式

1. 集体经济组织自行开发模式

关于收益分配的方式主要有两种：第一种方式是根据持有股份进行收益分配，这种方式适合拥有持有土地股份较多农民的集体。以唐家岭项目为例，该项目的村民就是凭借所持股份份额进行收益分红。第二种方式是按照承诺收益率分红，根据农民投入的土地、资金等资源，按照承诺收益率给予农民分红。

2. 与企业合作开发模式

关于收益分配的方式有三种：第一种是集体经济组织按照土地入股和投入资金的份额，与企业按照股份制的方式分配收益；第二种方式是双方在合同中约定固定收益，这种方法双方主体的风险分担份额受市场波动较大，集体经济组织无法享受到最大收益；第三种是保底加分红的方式，在合同中确定农村集体经济组织的保底收益，保障村集体的基本权益，同时设定一定的分红收益，使农民能享受集体建设用地建设租赁住房的最大红利，但这种方式过于保护农村集体经济组织，降低企业参与该项目的积极性。

3. 入市出让开发模式

在这种模式下，集体经济组织不直接参与集体租赁住房的实际开发环节，集体建设用地经营权的出让金在开发的前期环节，即用地环节由企业一次性支付给集体经济组织，关于开发环节的收益主要由企业单独所有。

第二节 集体建设用地租赁住房收益分配博弈

集体租赁住房项目建成投入运营后，参与主体在收益分配上存在着不可分割的联系，理清各主体之间的收益分配关系，使主体得到稳定的经济收益，是集体建设用地租赁住房建设成效具体体现，也是试点项目成为可推广、可复制的改革成果的关键所在。

一、集体建设用地租赁住房收益相关者分析

1. 农民与农村集体经济组织的收益分配

农民作为农村集体经济组织的成员，按照集体经济组织内部制定的收益分配方案，获得集体经济组织收益的具体分配。农村集体经济组织作为成员的直接代表，在集体租赁住房项目收益分配中，与合作企业进行收益的第一次分配，农民和农村集体经济组织之间的收益分配属于第二次分配。农村集体经济组织获得的投资收益，将按照一定的比例进行提留，列入集体公益金，用于农村基础公共设施的建设和管理。在农民之间进行剩余收益的分配，具体有两种方式，一是可以通过在项目筹划阶段根据农民投入资金占比情况，在项目投入运营后

按照筹资比例分配收益；二是集体经济组织可以按照各户情况，各类年龄群体量化确定入股份额。农民以股份的形式参与集体建设用地的管理，根据股份的份额获得收益分红，获取递增的租金收益。

农民与农村集体经济组织的收益取向是相同的，都是以提高农民收入、改善居住环境为出发点和落脚点，农村集体经济组织专业化管理水平的提高可以带动农民的增收，提高农民生活品质和居住条件；反过来，农民收入水平的提高和思维方式的转变可以促进农村集体经济组织的发展壮大。加强对集体经济经济组织行为的规范，对资金等方面进行监管，从而保障农民的合法权益，集体经济组织应对获得的收益分配规则和资金流向向农民明示，以保障农民的权益为基本出发点，合理兼顾好集体和农民的收益。

2. 农村集体经济组织与合作企业的收益分配

集体经济组织与企业采取联营、入股的方式合作，村集体负责土地的供应，企业负责前期的建设和后期的运营维护。相关试点城市的实施方案规定集体经济组织在新成立的企业中的持股比例不能低于51%，各试点城市鼓励农村集体经济组织与企业合作，目前针对该开发模式的收益分配方式有两种，以沈阳市为代表的试点城市制定村集体与合作企业按股分配的方案，强调村集体经济组织收益由保底分红和基本收益两部分组成；南京和郑州则建议项目的投资收益按照项目实际投资比例进行分配。

3. 农村集体经济组织、联营企业和政府之间的收益分配

在集体租赁住房项目运营获得租金收益后，所获得收益是由村集体经济组织与联营企业进行分配，政府不参与收益的直接分配，但政府作为公共设施的建设者和管理者，可以采用征收税金或者土地增值收益调节金的方式参与收益分配。确定相应的税种、税率，规范调节入市收益，扩大财政税基。在18个试点城市中，广州、合肥、南京、沈阳等试点城市均通过落实有效的税收优惠措施来推进集体租赁住房

项目的建设。以佛山市为例，在试点实施集体租赁住房项目建设中，明确规定土地增值收益金的收取比例，对属于城市更新（三旧改造）项目或农村集体建设用地片区综合整治项目内的地块，按入市收入的10%收取土地增值收益金，其他地块按15%收取，通过采用较低的土地增值收益金收取标准，将鼓励集体建设用地租赁住房建设的政策落到实处。

二、集体建设用地租赁住房收益主体博弈模型构建

集体建设用地租赁住房与商品房开发的不同之处在于参与的主体更多，所牵扯的收益纠葛更为复杂，法律法规尚不成熟，能否顺利发展集体建设用地租赁住房取决于各相关主体之间的软约束。通过构建两两主体之间的博弈模型，找出各主体之间的最优均衡解，以推动集体建设用地租赁住房的顺利发展。

1. 集体经济组织与政府之间的博弈

假设前提：

a. 政府征求村集体经济组织建设集体建设用地租赁住房的意见，村集体有权选择建设租赁住房的类型，政府有权选择在租赁住房建设中是否给与适当投资或者不投资。

b. 假设建设集体租赁住房与市场化租赁住房所需要的成本相同，若政府入资，村集体经济组织实际投入的资金为 X，土地价值为 M，政府投入的资金为 Y，村集体的融资成本年化为 r。

c. 假设租赁住房的房屋数量是 N，单位集体租赁住房在 t 年获得的净收益为 Rt，单位市场化租赁住房得收益为 RM，集体租赁住房如果由政府代为管理，假设其配住率为100%，市场化租赁住房的平均配住率为 P。

村集体若选择市场化租赁住房，其每年所获得收益为 $RM * N * P -$

$r(X+Y)$，若村集体选择纳入政府保障性租赁住房系统，政府有权选择投资还是不投资，若地方政府投资，则集体经济组织每年所获得收益为 $Rt*N*(X+M)/X+M+Y-(r*X)$，若地方政府不投资，则村集体经济组织每年所获得的收益 $Rt*N-r(X+Y)$。

对于村集体和政府之间的博弈关系，影响最大的是集体经济组织的融资成本和市场化租赁住房的平均承租率，首先确定集体经济组织选择何种租赁住房，其中决定村集体经济组织选择的是 MAX（RM * P，Rt），在 $P<Rt/RM$ 时，村集体更加倾向于选择纳入政府保障性租赁住房；若集体经济组织选择建设此类住房，政府选择与村集体合作，对 X 求导，原收益函数的导函数为 $Rt*N*[1+(1+Y)/(X+M+Y)2]-r$，当 $r=Rt*N*[1+(1+Y)/(X+M+Y)2]$，村集体的收益额最大。

2. 集体经济组织与合作企业的博弈

假设前提：

村集体与合作企业之间存在联营和入股两种合作模式，建设这两种模式的前期建设成本、后期运营费用和所获得的收益相等，建设租赁住房的房屋数量为 N，单位市场化租赁住房的净收益为 RM，市场化租赁住房的平均承租率为 P。

a. 入股模式，建设企业投入的资金为 X，土地价值为 M。

b. 联营模式，企业投入资金为 A，集体投资额为 B，土地价值为 M。

c. 企业的市场化资本回报率为 R，村集体的融资成本为 r。

表7-1　入股、联营模式的集体租赁住房项目博弈表

村民集体 ＼ 合作企业	合作	不合作
入股	$RM*N*P*\dfrac{M}{X+M}$ $RM*N*P*\dfrac{M}{X+M}$	$RM*N*P-X*r$ $X*R$
联营	$RM*N*P*\dfrac{B+M}{X+M}-Br$ $RM*N*P*\dfrac{A}{X+M}$	$RM*N*P-X*r$ $A*R$

集体经济组织无论是选择入股还是联营，其目的都是为了谋取最大收益，即求 $\mathrm{MAX}\left[RM*N*P*\dfrac{M}{X+M},\ RM*N*P*\dfrac{B+M}{X+M}-Br\right]$ 的解，若入股大于联营，联立多项式化简可得 $r>RM*N*\dfrac{P}{X+M}$，则选择入股的合作方式，反之则相反。通过公式 $\mathrm{MAX}\left[RM*N*P*\dfrac{M}{X+M},\ RM*N*P-X*r\right]$ 联立可得出，当前者大于后者，即得 $r>RM*N*\dfrac{P}{X+M}$，通过上述两个公式可知，当 $r>RM*N*\dfrac{P}{X+M}$ 时，集体经济组织会选择入股的合作方式，从而实现自己收益的最大化。当 $r<RM*N*\dfrac{P}{X+M}$ 时，村集体经济组织会在联营和不合作两者之间选择不合作，反之则相反。

4. 集体经济组织与承租者的博弈

假设前提：

a. 由于租赁住房信息的透明性和获取的便利性，双方主体都追求的是各自收益的最大化。

b. 村集体或者运营租赁公司对租金设有心理最低接受价格，若超过此价格，集体经济组织或者运营公司则会亏损；设 C_1 为心理承受最

低价格，而承租者根据自身经济实力对租赁住房会存在心理最高价格，若超过这个租金标准，承租者则会放弃租赁，设这个价格为 C_2。

c. 假设双方的讨价还价博弈模型只进行三个环节，首先由村集体或者运营租赁公司出价，若承租者同意，则第一回合谈判结束，若承租者不同意则会进行第二回合的谈判，此时承租者会给出自己所能接受的心里价格，若村集体或运营租赁公司同意，则谈判到第三回合结束，若不同意，则会进行第三回合的谈判。由于时间价值、机会成本等因素，若进行到第二、三回合，则需要引入耗散系数 W_1、W_2，W_1 为村集体的耗散系数，W_2 承租者的耗散系数。

（1）承租者与租赁公司或者村集体的博弈过程

第一回合：租赁公司或者村集体出价 P_1，承租者若接受则谈判结束，租赁公司或者村集体所获得收益为 $P_1 - C_1$，承租者所获得收益为 $C_2 - P_1$，若承租者拒绝则自然进入第二回合。

第二回合：承租者出价 P_2，若村集体或运营公司接受则在第二回合谈判结束，租赁公司或者村集体的收益为 $W_2(P_2 - C_1)$，承租者所获得收益为 $W_2(C_2 - P_2)$，若租赁公司或者村集体拒绝则会进入第三回合。

第三回合：租赁公司或者村集体出价 P_3，承租者若选择接受，博弈结束，租赁公司或者村集体所获得收益为 $W_1^2(P_3 - C_1)$，承租者所获得收益为 $W_2^2(C_2 - P_3)$，若承租者拒绝则双方的收益都为 0。

（2）求解过程

采用逆向归纳法求解，在第三回合租赁公司或者村集体出价既要使承租者接受，又要使之间的收益最大化，因此求得双方收益的解为 $[W_1^2(P_3 - C_1)，W_2^2(C_2 - P_3)]$。在第二回合的谈判中，承租者既要使自己的收益最大化，又要使租赁公司或者村集体接受，避免进入第三回合，增加双方的耗散，最优解是 $P_2 = C_1 + W_1^2(P_3 - C_1)$，这时双方的解为 $[\{W_1^3(P_3 - C_1)，W_2[C_2 - C_1 - W_1^3(P_3 - C_1)]\}]$。

第一回合村集体需要最大化自己的收益，$P_1 = C_2 - (1 - W_1) +$

$W_2[C_1 + W_1^2(P_3 - C_1)]$，这时双方的收益为 $\{C_2(1 - W_2) + W_2[C_1 - W_1^3 (P_3 - C_1)] - C_1, C_2W_2 - W_2[C_1 + W_1^2(P_3 - C_1)]\}$。

第三节 集体建设用地租赁住房 收益分配改进

一、构建初次分配和再次分配相结合的收益 分配体系

健全集体租赁住房的收益分配监督制度，发挥政府对集体建设用地租赁住房的监督职能，理清初次分配和再次分配的区别，初次分配基于村集体和企业的投入情况，发挥村集体的主体地位，但要基于公平和正义，减少目前试点城市中存在的对于村集体的过度保护，通过鼓励政策性金融机构为合作企业提供低息、长期稳定贷款，激发合作企业参与集体建设用地租赁住房的积极性。再次分配基于产权和资金投入，对于符合建设租赁住房的集体建设用地，应明示其股权划分方法，公示符合条件的村集体经济组织成员。

二、健全监督制度，实行政府和农民集体双重 监管

对于初次收益分配的资金份额、纳入集体公积金的金额、政府所收取的增值调节金进行动态全过程监督，确保收益分配严格按标准落实到位，实现企业、集体、农民之间的收益分配的大体平衡。

第八章 集体建设用地
租赁住房退出

目前，集体建设用地租赁住房建设处于持续试点阶段，尚未形成完整的"准入—运营—退出"闭环管理机制。建立健全集体租赁住房退出机制，实现"准入—运营—退出"闭环运行，有利于集体建设用地租赁住房的可持续发展。集体建设用地租赁住房的退出只有科学、有效，才能保证租赁住房有序、良性运行，从而达到改善民生、实现社会公平、保障集体经济组织权益的目的。

第一节 集体建设用地租赁住房退出
演化博弈主体

关于集体建设用地租赁住房的退出，一种是承租者使用权的退出，另一种是集体经济组织或合作企业完全退出。集体建设用地租赁住房的退出主体主要为政府、集体经济组织、合作企业、承租者。

1. 集体经济组织

集体经济组织是集体建设用地的所有者，也是集体建设用地租赁住房的实施主体，房屋产权属于集体经济组织，对于房屋产权，集体经济组织不能转让，不能改变性质。利用集体建设用地建设租赁住房，需要满足城乡建设规划条件，同时集体经济组织本身也要具备建造租赁住房的意愿和资金实力。在发展集体建设用地租赁住房的过程中，集体经济组织可能由于收益不佳而产生退出想法，或是在政府的监管下被动退出。由于受到环境、政策等因素变化的影响，集体经济组织无法做出最优决策，故假设集体经济组织是有限理性。

2. 合作企业

《试点方案》明确"村镇集体经济组织可以自行开发运营，也可以通过联营、入股等方式建设运营集体租赁住房"。《试点方案》允许企业参与到集体建设用地租赁住房建设和运营中。租赁住房属于长期持有型物业，对租金回报要求较高，需在经营中与集体经济组织协调合作，故对合作企业的资金实力和运营管理能力要求较高。合作企业需经集体经济组织审核允许后，方可参与租赁住房建设。在集体建设用地租赁住房运营期间，合作企业可能因收益不佳而考虑退出，或因不符合集体经济组织的要求而被动退出。由于我国集体建设用地租赁住房体系尚不完善，存在信息不对称的现象，故假设合作企业是有限理性。

3. 承租者

承租者通过租赁集体租赁住房，获得房屋使用权，由于房屋所有权归集体经济组织所有，故受集体经济组织的监管。承租者在租赁期间如若出现不符合租赁集体建设用地租赁住房要求的行为如转租等，或认为集体建设用地租赁住房不符合其居住要求而选择退出。承租者在租赁期间受政策以及集体经济组织的影响，故假设承租者为有限理性。

4. 地方政府

地方政府是集体建设用地租赁住房的倡导者和监督者，为推进集体建设用地租赁住房的发展，地方政府需制定相关切实可行的政策，同时也需要投入人力、物力对集体经济组织进行监管。政府作为宏观调控部门需要兼顾各方收益，在制定政策的过程中面临着集体经济组织、合作企业等各方主体策略选择的变化。因此，制定政策的方向、重点也会不同，因而存在不稳定性，故假设地方政府是有限理性。

第二节　集体经济组织退出演化博弈

一、集体经济组织与政府博弈基本假设

假设 1：政府严格监管时一定能审查出隐瞒不退，非严格监管时一定审查不出隐瞒不退。在博弈时，集体经济组织以 q 的概率主动退出，1-q 的概率隐瞒不退，政府则以 p 的概率非严格监管，以 1-p 的概率严格监管（p 和 q 均为时间 t 的函数），其中 $0 \leqslant p \leqslant 1, 0 \leqslant q \leqslant 1$。

假设 2：S 为集体经济组织隐瞒不退时所获得的收益，C 为政府监管集体经济组织退出的审查成本，F 为集体经济组织被监管退出后所受的处罚以及社会名誉等损失，R 为非严格审查情况下政府管理部门的损失，B 为由于监管得力政府所得到的可再分配收益，Y 为当集体经济组织主动退出时政府对集体经济组织的补偿。该模型参数设定如表 8-1 所示。

表 8-1　模型参数说明

参数	含义
S	集体经济组织隐瞒不退所获得的额外收益
C	政府严格监管所耗费的审查成本
F	集体经济组织被监管退出后所受到的处罚以及社会名誉等损失
R	政府非严格审查情况下政府管理部门的损失
B	政府监管得力所得到的可再分配收益
Y	集体经济组织主动退出时政府对集体经济的补偿

二、集体经济组织与政府博弈模型构建

博弈方 a：集体经济组织

博弈方 b：地方政府

集体经济组织主动退出时，地方政府可将集体建设用地征收转化为国有土地，同时给予集体经济组织补偿。当集体经济组织出现不符合集体建设用地租赁住房政策要求的行为时应退出。集体经济组织有主动退出、隐瞒不退两种策略，政府有严格监管、非严格监管两种策略。集体经济组织与政府之间的博弈存在以下四种组合，双方的收益矩阵如表8-2所示。

组合1：当集体经济组织选择主动退出，而政府处于非严格监管情形下选择赔偿金额 Y，集体经济组织获得补偿收益 Y，则双方的收益组合为 $(Y, -Y)$。

组合2：当集体经济组织选择主动退出，政府处于严格监管情形下选择赔偿金额 Y，政府耗费监管成本 C，集体经济组织获得补偿收益 Y，则双方的收益组合为 $(Y, -Y-C)$。

组合3：当集体经济组织存在退出行为，选择隐瞒不退时，而政府处于非严格监管情形下，集体经济组织获得额外收益 S，政府受到损失 R，则双方的收益组合为 $(S, -R)$。

组合4：当集体经济组织存在退出行为，选择隐瞒不退时，政府处于严格监管情形下，集体经济组织被审查出隐瞒不退后受到政府惩罚损失 F，同时获得额外收益 S，政府在耗费监管成本 C 的同时由于监管得力获得了收益 B，则双方的收益组合为 $(S-F, B-C)$。

表 8-2 集体经济组织与政府的演化博弈收益矩阵

政府 集体经济组织	非严格监管（P）	严格监管（1-P）
主动退出（q）	Y, $-Y$	Y, $-Y-C$
非主动退出（1-q）	S, $-R$	$S-F$, $B-C$

三、演化博弈稳定策略分析

1. 演化博弈均衡点分析

集体经济组织"主动退出"和"隐瞒不退"策略的期望得益 u_q，u_{1-q} 和群体平均得益 $\overline{u}_A$ 分别为：

$$u_q = pY + (1-P)Y = Y \tag{8.1}$$

$$u_{1-q} = pS + (1-p)(S-F) = PF + S - F \tag{8.2}$$

$$\overline{u}_A = qu_q + (1-q)u_{1-q} \tag{8.3}$$

政府"非严格监管"和"严格监管"策略的期望收益 u_P，u_{1-P} 和群体平均收益 $\overline{u}_B$ 分别为：

$$u_P = -R(1-q) - Yq \tag{8.4}$$

$$u_{1-P} = (-C-Y)q + (B-C)(1-q) \tag{8.5}$$

$$\overline{u}_B = pu_P + (1-p)u_{1-P} \tag{8.6}$$

从而可以得出集体经济组织主动退出以及政府非严格审查的复制动态方程分别为：

$$F_p = \frac{dp}{dt} = p(u_P - \overline{u}_B) = p(1-p)[q(R+B) - (R+B) + C] \tag{8.7}$$

$$F_q = \frac{dq}{dt} = q(u_q - \overline{u}_A) = q(1-q)(Y + PF - S - F) \tag{8.8}$$

最后可得该复制动态系统有 4 个局部均衡点 E_1（0, 0）、E_2（0,

1)、E_3 (1 , 0)、E_4 (1 , 1)，以及混合策略平衡点 $E_5\left(\dfrac{(F-S)S}{F}, \dfrac{(R+B-C)C}{R+B}\right)$。

2. 均衡点稳定性分析

复制动态方程所求得的均衡点不一定是演化稳定策略 ESS，演化博弈的稳定性可以由该系统的雅克比矩阵的局部稳定性分析得出。首先对 F_p 和 F_q 求偏导，可得雅克比矩阵：

$$J = \begin{Bmatrix} (1-2q)(Y-PF-S+F) & -q(1-q)F \\ P(1-P)(R+B) & (1-2P)[q(R+B)-(R+B)+C] \end{Bmatrix}$$

复制动态方程所求得的均衡点为演化稳定策略 ESS 时应满足行列式 $detJ > 0$ 且迹 $trJ < 0$。各均衡点雅克比矩阵的行列式和迹如下：

E_1：$detJ = (Y-S+F)[-(R+B)+C]$　　$trJ = Y-S+F-(R+B)+C$

E_2：$detJ = (-Y+S-F)C$　　　　　　　$trJ = -Y+S-F+C$

E_3：$detJ = (Y-S)(R+B-C)$　　　　　$trJ = Y-S+R+B-C$

E_4：$detJ = -(S-Y)C$　　　　　　　　$trJ = S-Y-C$

E_5：$detJ = \dfrac{(Y-S+F)(S-Y)}{F} * \dfrac{(R+B-C)C+BR}{R}$　　　　$trJ = 0$

3. 系统局部稳定性分析

在判断系统局部稳定性时存在 6 种情形，分别为：

情形 1：$Y > S > S-F$，$R+B > C$；

情形 2：$S > Y > S-F$，$R+B > C$；

情形 3：$Y < S-F$，$R+B > C$；

情形 4：$Y > S > S-F$，$R+B < C$；

情形 5：$S > Y > S-F$，$R+B < C$；

情形 6：$Y < S-F$，$R+B < C$。系统局部稳定分析如表8-3所示。

表 8-3 不同情形下系统局部稳定分析表

情形	均衡点	$detJ$	trJ	局部稳定性
情形 1	E_1 (0, 0)	−	不确定	鞍点
	E_2 (0, 1)	−	不确定	鞍点
	E_3 (1, 0)	+	+	不稳定点
	E_4 (1, 1)	+	−	ESS
情形 2	E_1 (0, 0)	−	不确定	鞍点
	E_2 (0, 1)	−	不确定	鞍点
	E_3 (1, 0)	−	不确定	鞍点
	E_4 (1, 1)	−	不确定	鞍点
	E_5	+	0	中心
情形 3	E_1 (0, 0)	+	+	不稳定点
	E_2 (0, 1)	+	−	ESS
	E_3 (1, 0)	−	不确定	鞍点
	E_4 (1, 1)	−	不确定	鞍点
情形 4	E_1 (0, 0)	+	+	不稳定点
	E_2 (0, 1)	−	不确定	鞍点
	E_3 (1, 0)	−	不确定	鞍点
	E_4 (1, 1)	+	−	ESS
情形 5	E_1 (0, 0)	+	+	不稳定点
	E_2 (0, 1)	−	不确定	鞍点
	E_3 (1, 0)	−	−	鞍点
	E_4 (1, 1)	−	不确定	鞍点
情形 6	E_1 (0, 0)	−	不确定	鞍点
	E_2 (0, 1)	+	+	不稳定点
	E_3 (1, 0)	+	−	ESS
	E_4 (1, 1)	−	不确定	鞍点

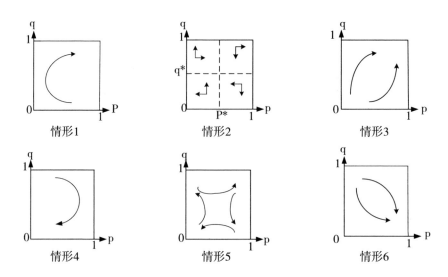

图 8-1 情形 1—6 系统演化动态相位图

四、演化博弈结果

由系统演化动态相位图 8-1 可以得到：系统在情形 2 "$S > Y > S - F$，$R + B > C$"与情形 5 "$S > Y > S - F$，$R + B < C$"下均不存在稳定点，集体经济组织选择是否主动退出无法确定；对于情形 3 "$Y < S - F$，$R + B > C$"与情形 6 "$Y < S - F$，$R + B < C$"下，当 $Y < S - F$ 时，即给予的补偿少于被监管出隐瞒不退时的收益所得时，不论 $R + B > C$ 还是 $R + B < C$，集体经济组织都会逐渐趋向于选择隐瞒不退；而在情形 1 "$Y > S > S - F$，$R + B > C$"与情形 4 "$Y > S > S - F$，$R + B < C$"下，当 $Y > S > S - F$ 时，不论 $R + B > C$ 还是 $R + B < C$，集体经济组织都会逐渐趋向于选择主动退出。

第三节　合作企业退出演化博弈

一、合作企业与集体经济组织博弈基本假设

假设1：集体经济组织严格监管时一定能审查出隐瞒不退，非严格监管时一定审查不出隐瞒不退。在博弈时，合作企业以 q_1 的概率主动退出，$1-q_1$ 的概率隐瞒不退，集体经济组织则以 p_1 的概率非严格监管，以 $1-p_1$ 的概率严格监管（p_1 和 q_1 均为时间 t 的函数），其中 $0 \leqslant q_1 \leqslant 1$，$0 \leqslant p_1 \leqslant 1$。

假设2：S_1 为合作企业隐瞒不退时所获得的收益，C_1 为集体经济组织监管退出的审查成本，F_1 为合作企业被监管退出后所受的处罚以及社会名誉等损失，R_1 为非严格审查情况下集体经济组织的损失，B_1 为由于监管得力集体经济组织所得到的可再分配收益。该模型参数设定如表8-4所示。

表8-4　模型参数说明

参数	含义
S_1	合作企业隐瞒不退时所获得的收益
C_1	集体经济组织监管合作企业退出的审查成本
F_1	合作企业被监管退出后所受的处罚以及社会名誉等损失
R_1	集体经济组织采取非严格审查策略所造成的损失
B_1	集体经济组织监管得力所得到的可再分配收益

二、合作企业与集体经济组织博弈模型构建

博弈方 a：合作企业

博弈方b：集体经济组织

合作企业的资质，由集体经济组织进行监督、审查。合作企业有主动退出、隐瞒不退两种策略，集体经济组织有严格审查、非严格审查两种策略。双方的收益矩阵如表8-5所示。

组合1：当合作企业选择主动退出，集体经济组织选择非严格审查时，合作企业没有获得额外收益，集体经济组织由于非严格监管，监管成本不计，则双方的收益组合为（0，0）。

组合2：当合作企业选择主动退出，集体经济组织严格审查耗费了监管成本 C_1，则双方的收益组合为（0， $-C_1$）。

组合3：当合作企业选择隐瞒不退，集体经济组织选择非严格审查时，合作企业获得额外收益 S_1，集体经济组织受到损失 R_1，则双方的收益组合为（S_1， $-R_1$）。

组合4：当合作企业选择隐瞒不退，集体经济组织严格审查，合作企业获得收益 S_1 时也会受到损失 F_1，集体经济组织在耗费审查成本 C_1 时由于审查得力获得了收益 B_1，则双方的收益组合为（$S_1 - F_1$， $B_1 - C_1$）。

表8-5　合作企业与集体经济组织之间的演化博弈收益矩阵

合作企业 ＼ 集体经济组织	非严格审查（p_1）	严格审查（$1-p_1$）
主动退出（q_1）	0，0	0， $-C_1$
非主动退出（$1-q_1$）	S_1， $-R_1$	$S_1 - F_1$， $B_1 - C_1$

三、演化博弈稳定策略分析

1. 演化博弈均衡点分析

合作企业"主动退出"和"隐瞒不退"策略的期望得益 u_{q_1}，u_{1-q_1}

和群体平均得益 $\bar{u}_C$ 分别为：

$$u_{q_1} = 0 \tag{8.9}$$

$$u_{1-q_1} = p_1 S_1 + (1-p_1)(S_1 - F_1) = p_1 S_1 - F_1 + S_1 \tag{8.10}$$

$$\bar{u}_C = q_1 u_{q_1} + (1-q_1) u_{1-q_1} \tag{8.11}$$

集体经济组织"非严格审查"和"严格审查"策略的期望收益为 u_{p_1}，u_{1-p_1} 和群体平均收益 $\bar{u}_D$ 分别为：

$$u_{p_1} = -R_1(1-q_1) \tag{8.12}$$

$$u_{1-p_1} = -C_1 q_1 + (1-q_1)(B_1 - C_1) \tag{8.13}$$

$$\bar{u}_D = p_1 u_{p_1} + (1-p_1) u_{1-p_1} \tag{8.14}$$

从而可以得出合作企业主动退出策略以及集体经济组织严格审查的复制动态方程分别为：

$$F_{p_1} = \frac{dp}{dt} = p_1(u_{p_1} - \bar{u}_C) = p_1(1-p_1)[q_1(R_1 + B_1) - (R_1 + B_1) - C_1] \tag{8.15}$$

$$F_{q_1} = \frac{dq}{dt} = q_1(u_{q_1} - \bar{u}_D) = q_1(1-q_1)(F_1 - S_1 - p_1 F_1) \tag{8.16}$$

最后可得该复制动态系统有 4 个局部均衡点 $E_1(0, 0)$、$E_2(0, 1)$、$E_3(1, 0)$、$E_4(1, 1)$ 以 及 混 合 策 略 平 衡 点 $E_5\left(\dfrac{F_1 - S_1}{F_1}, \dfrac{R_1 + B_1 - C_1}{R_1 + B_1}\right)$。

2. 均衡点稳定性分析

对 F_{p_1} 和 F_{q_1} 求偏导，可得雅克比矩阵：

$$J = \begin{cases} (1-2q_1)(F_1 - S_1 - p_1 F_1) & -q_1(1-q_1)F_1 \\ p_1(1-p_1)(R_1 + B_1) & (1-2p_1)[q_1(R_1 + B_1) - (R_1 + B_1) + C_1] \end{cases}$$

复制动态方程所求得的均衡点为演化稳定策略 ESS 时应满足行列式 $detJ > 0$ 且迹 $trJ < 0$。各均衡点雅克比矩阵的行列式和迹如下：

E_1：$detJ = (F_1 - S_1)[-(R_1 + B_1) + C_1]$ $trJ = F_1 - S_1 - R_1 - B_1 + C_1$

$E_2: detJ = -S_1\left[\left(R_1+B_1\right)-C_1\right]$ $trJ = -S_1+R_1+B_1+C_1$

$E_3: detJ = \left(S_1-F_1\right)C_1$ $trJ = S_1-F_1+C_1$

$E_4: detJ = -S_1C_1$ $trJ = S_1-C_1$

$$E_5: detJ = \frac{\left(F_1-S_1\right)S_1}{F_1}*\frac{\left(R_1+B_1-C_1\right)C_1+B_1R_1}{R_1} \qquad trJ = 0$$

3. 系统局部稳定性分析

在判断系统局部稳定性时存在4种情形：情形1：$F_1-S_1>0$，$R_1+B_1>C_1$；情形2：$F_1-S_1>0$，$R_1+B_1<C_1$；情形3：$F_1-S_1<0$，$R_1+B_1>C_1$；情形4：$F_1-S_1<0$，$R_1+B_1<C_1$。系统局部稳定分析如表8-6所示。

表8-6　不同情形下系统局部稳定分析表

情形	均衡点	$detJ$	trJ	局部稳定性
情形1	E_1 (0, 0)	–	不确定	鞍点
	E_2 (0, 1)	–	不确定	鞍点
	E_3 (1, 0)	–	不确定	鞍点
	E_4 (1, 1)	–	+	鞍点
	E_5	+	0	中心
情形2	E_1 (0, 0)	+	+	不稳定
	E_2 (0, 1)	–	不确定	鞍点
	E_3 (1, 0)	+	–	ESS
	E_4 (1, 1)	–	+	鞍点
情形3	E_1 (0, 0)	+	–	ESS
	E_2 (0, 1)	+	+	鞍点
	E_3 (1, 0)	–	不确定	不稳定点
	E_4 (1, 1)	–	+	鞍点
情形4	E_1 (0, 0)	–	不确定	鞍点
	E_2 (0, 1)	+	+	不稳定点
	E_3 (1, 0)	+	–	ESS
	E_4 (1, 1)	–	+	鞍点

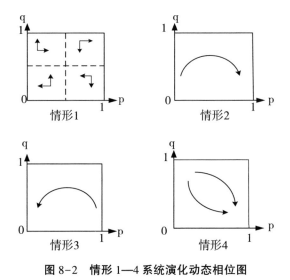

图 8-2　情形 1—4 系统演化动态相位图

四、演化博弈结果

由系统演化动态相位图 8-2 可以得到：系统在情形 1 " " $F_1 - S_1 >$ 0，$R_1 + B_1 > C_1$ 下，无稳定点，各博弈方选择何种策略都是随机的；在情形 2 " $F_1 - S_1 > 0$，$R_1 + B_1 < C_1$" 与情形 3 " $F_1 - S_1 < 0$，$R_1 + B_1 >$ C_1" 下，当 $F_1 - S_1 < 0$ 时，无论 $R_1 + B_1 < C_1$ 还是 $R_1 + B_1 > C_1$，即不论集体经济组织选择严格审查还是非严格审查，有限理性的合作企业由于至少会获得 $S_1 - F_1 > 0$ 的收益，总是趋向于选择隐瞒不退；在情形 4 " $F_1 - S_1 < 0$，$R_1 + B_1 < C_1$" 下，当 $F_1 - S_1 > 0$ 时，集体经济组织严格监管所查出隐瞒不退者尽管享受不到收益 S_1，但是仍能获得 $F_1 - S_1$ 的收益。

第四节　承租者退出演化博弈

一、承租者与集体经济组织博弈基本假设

假设1：集体经济组织严格监管时一定能审查出隐瞒不退，非严格监管时一定审查不出隐瞒不退。在博弈时，承租者以 q_2 的概率主动退出，$1-q_2$ 的概率隐瞒不退，集体经济组织则以 p_2 的概率非严格监管，$1-p_2$ 的概率严格监管（p_2 和 q_2 均为时间 t 的函数），其中 $0 \leqslant q_2 \leqslant 1$，$0 \leqslant p_2 \leqslant 1$。

假设2：S_2 为承租者隐瞒不退时所获得的收益，C_2 为集体经济组织监管退出的审查成本，F_2 为承租者被监管退出后所受的处罚以及社会名誉等损失，R_2 为非严格审查情况下集体经济组织的损失，B_2 为由于监管得力集体经济组织所得到的可再分配收益。Y_2 为承租者主动退出集体经济组织给予的奖励。该模型参数设定如表8-7所示。

表8-7　模型参数说明

参数	含义
S_2	承租者隐瞒不退所获的收益
C_2	集体经济组织监管退出的审查成本
F_2	承租者被监管退出后所受到的处罚以及社会名誉等损失
R_2	集体经济组织采取非严格审查的策略所造成的损失
B_2	集体经济组织监管得力所得到的可再分配收益
Y_2	承租者主动退出集体经济组织给予的奖励

二、承租者与集体经济组织博弈模型构建

博弈方 a：承租者

博弈方 b：集体经济组织

承租者不再满足租赁条件后应当及时退出租赁住房，承租者有主动退出和隐瞒不退两种策略，集体经济组织有严格监管、非严格监管两种策略。若对主动退出的承租者给予激励 Y_1，则双方的收益矩阵如表 8-8 所示。

组合 1：当承租者选择主动退出而集体经济组织选择非严格监管时，承租者获得收益 Y_1，集体经济组织选择非严格监管时，监管成本忽略不计，对于主动退出的承租者奖励金额 Y_1，则双方的收益组合为 $(Y_1, -Y_1)$。

组合 2：当承租者选择主动退出而集体经济组织选择严格监管时，承租者获得额外收益 Y_1，但集体经济组织由于严格监管，耗费监管成本 C_2，同时需要支付奖励金额 Y_1，则双方的收益组合为 $(Y_1, -C_2 - Y_1)$。

组合 3：当承租者选择隐瞒不退而集体经济组织选择非严格监管时，由于承租者获得收益 S_2，集体经济组织受到损失 R_2，则双方的收益组合为 $(S_2, -R_2)$。

组合 4：当承租者选择隐瞒不退而集体经济组织选择严格监管时，承租者获得收益 S_2 的同时也要承受被审核出隐瞒不退后的损失 F_2，集体经济组织在耗费监管成本 C_2 的同时由于监管得力获得收益 B_2，则双方的收益组合为 $(S_2 - F_2, B_2 - C_2)$。

表 8-8　承租户与集体经济组织之间的演化博弈收益矩阵

集体经济组织 承租者	非严格监管（p_2）	严格监管（$1-p_2$）
主动退出（q_2）	Y_1，$-Y_1$	Y_1，$-C_2-Y_1$
非主动退出（$1-q_2$）	S_2，$-R_2$	S_2-F_2，B_2-C_2

三、演化博弈稳定策略分析

1. 演化博弈均衡点分析

承租者"主动退出"和"隐瞒不退"策略的期望得益 u_{q_2}，u_{1-q_2} 和群体平均得益 $\overline{u}_J$ 分别为：

$$u_{q_2} = p_2 Y_1 + (1-p_2)Y_1 = Y_1 \tag{8.17}$$

$$u_{1-q_2} = p_2 S_2 + (1-p_2)(S_2-F_2) = p_2 F_2 + S_2 - F_2 \tag{8.18}$$

$$\overline{u}_J = q_2 u_{q_2} + (1-q_2)u_{1-q_2} \tag{8.19}$$

集体经济组织"非严格监管"和"严格监管"策略的期望收益 u_{p_2}，u_{1-p_2} 和群体平均收益 $\overline{u}_H$ 分别为：

$$u_{p_2} = -R_2(1-q_2) - Y_1 q_2 \tag{8.20}$$

$$u_{1-p_2} = (-C_2-Y_1)q_2 + (B_2-C_2)(1-q_2) \tag{8.21}$$

$$\overline{u}_H = p_2 u_{p_2} + (1-p_2)u_{1-p_2} \tag{8.22}$$

从而得出承租者主动退出以及集体经济组织非严格监管的复制动态方程分别为：

$$F_{p_2} = \frac{dp}{dt} = p_1(u_{p_2} - \overline{u}_J) = p_2(1-p_2)[q_2(R_2+B_2) - (R_2+B_2) + C_2]$$

$$\tag{8.23}$$

$$F_{q_2} = \frac{dq}{dt} = q_2(u_{q_2} - \overline{u}_H) = q_2(1-q_2)(Y_1 - p_2 F_2 - S_2 + F_2) \tag{8.24}$$

最后可得该复制动态系统有 4 个局部均衡点 E_1 (0, 0)、E_2 (0, 1)、E_3 (1, 0)、E_4 (1, 1) 以 及 混 合 策 略 平 衡 点 $E_5\left(\dfrac{(F_2 - s_2)S_2}{F_2}, \dfrac{(R_2 + B_2 - C_2)C_2}{R_2 + B_2}\right)$

2. 均衡点稳定性分析

对 F_{p_2} 和 F_{q_2} 求偏导，可得雅克比矩阵：

$$J = \left\{ \begin{matrix} (1 - 2q_2)(Y_1 - p_2F_2 - S_2 + F_2) & -q_2(1 - q_2)F_2 \\ p_2(1 - p_2)(R_2 + B_2) & (1 - 2p_2)[q_2(R_2 + B_2) - (R_2 + B_2) + C_2] \end{matrix} \right\}$$

复制动态方程所求得的均衡点是演化稳定策略 ESS 时应满足行列式 $detJ > 0$ 且迹 $trJ < 0$。各均衡点雅克比矩阵的行列式和迹如下：

$E_1 : detJ = (Y_1 - S_2 + F_2)(-R_2 - B_2 + C_2)$ $trJ = Y_1 - S_2 + F_2 - R_2 - B_2 + C_2$

$E_2 : detJ = (-Y_1 + S_2 - F_2)C_2$ $trJ = -Y_1 + S_2 - F_2 + C_2$

$E_3 : detJ = (Y_1 - S_2)(R_2 + B_2 - C_2)$ $trJ = Y_1 - S_2 + R_2 + B_2 - C_2$

$E_4 : detJ = -(S_2 - Y_1)C_2$ $trJ = S_2 - Y_1 - C_2$

$E_5 : detJ = \dfrac{(Y_1 - S_2 + F)(S_2 - Y_1)}{F_2} * \dfrac{(R_2 + B_2 - C_2)C_2 + R_2B_2}{R_2}$ $trJ = 0$

3. 系统局部稳定性分析

在判断系统局部稳定性时存在 6 种情形：情形 1：$Y_1 > S_2 > S_2 - F_2$，$R_2 + B_2 > C_2$；情形 2：$S_2 > Y_1 > S_2 - F_2$，$R_2 + B_2 > C_2$；情形 3：$Y_1 < S_2 - F_2$，$R_2 + B_2 > C_2$；情形 4：$Y_1 > S_2 > S_2 - F_2$，$R_2 + B_2 < C_2$；情形 5：$S_2 > Y_1 > S_2 - F_2$，$R_2 + B_2 < C_2$；情形 6：$Y_1 < S_2 - F_2$，$R_2 + B_2 < C_2$。系统局部稳定分析如表 8-9 所示。

表 8-9 不同情形下系统局部稳定分析表

情形	均衡点	$detJ$	trJ	局部稳定性
情形 1	E_1 (0, 0)	−	不确定	鞍点
	E_2 (0, 1)	−	不确定	鞍点
	E_3 (1, 0)	+	+	不稳定点
	E_4 (1, 1)	+	−	ESS
情形 2	E_1 (0, 0)	−	不确定	鞍点
	E_2 (0, 1)	−	不确定	鞍点
	E_3 (1, 0)	−	不确定	鞍点
	E_4 (1, 1)	−	不确定	鞍点
	E_5	+	0	中心
情形 3	E_1 (0, 0)	+	+	不稳定点
	E_2 (0, 1)	+	−	ESS
	E_3 (1, 0)	−	不确定	鞍点
	E_4 (1, 1)	−	不确定	鞍点
情形 4	E_1 (0, 0)	+	+	不稳定点
	E_2 (0, 1)	−	不确定	鞍点
	E_3 (1, 0)	−	不确定	鞍点
	E_4 (1, 1)	+	−	ESS
情形 5	E_1 (0, 0)	+	+	不稳定点
	E_2 (0, 1)	−	不确定	鞍点
	E_3 (1, 0)	−	−	鞍点
	E_4 (1, 1)	−	不确定	鞍点
情形 6	E_1 (0, 0)	−	不确定	鞍点
	E_2 (0, 1)	+	+	不稳定
	E_3 (1, 0)	+	−	ESS
	E_4 (1, 1)	−	不确定	鞍点

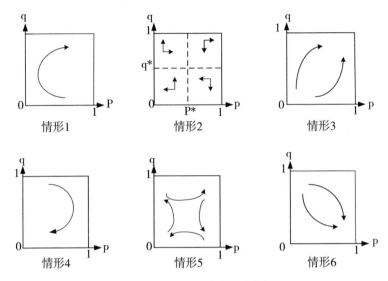

图 8-3　情形 1—6 系统演化动态相位图

四、演化博弈结果

由系统演化动态相位图 8-3 可以得到：系统在情形 2 " $S_2 > Y_1 > S_2 - F_2$ ， $R_2 + B_2 > C_2$ " 与情形 5 " $S_2 > Y_1 > S_2 - F_2$ ， $R_2 + B_2 < C_2$ " 下均不存在稳定点，承租者选择是否主动退出无法确定；对于情形 3 " $Y_1 < S_2 - F_2$ ， $R_2 + B_2 > C_2$ " 与情形 6 " $Y_1 < S_2 - F_2$ ， $R_2 + B_2 < C_2$ "，在引入激励机制的情况下，当 $Y_1 < S_2 - F_2$ 时，即给予的激励少于被监管出隐瞒不退时的所获收益时，不论 $R_2 + B_2 > C_2$ 还是 $R_2 + B_2 < C_2$ ，承租者都会逐渐趋向于选择隐瞒不退；而在情形 1 " $Y_1 > S_2 > S_2 - F_2$ ， $R_2 + B_2 > C_2$ " 与情形 4 " $Y_1 > S_2 > S_2 - F_2$ ， $R_2 + B_2 < C_2$ " 下，此时激励机制较为完善，即 $Y_1 > S_2 > S_2 - F_2$ 的情况下，不论 $R_2 + B_2 > C_2$ 还是 $R_2 + B_2 < C_2$ ，承租者均会逐渐趋向于选择主动退出。

第五节　集体建设用地租赁住房退出演化博弈仿真

一、集体经济组织退出集体租赁住房演化博弈仿真

1. 集体经济组织退出系统演化博弈 **SD** 模型

根据对集体经济组织租赁住房退出系统的均衡点稳定性分析结果，将利用 Vensim PLE 软件建立对应的系统动力学模型，对理论模型做进一步解释。根据博弈双方复制动态方程所表达的参数间因果关系进行建模，如图 8-4 所示。

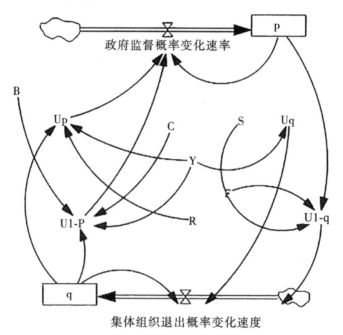

图 8-4　集体经济组织退出系统演化博弈 SD 模型图

该模型主要由 4 个流位变量，2 个流率变量，6 个外部变量，4 个中间变量构成。4 个流位变量表示集体经济组织采取主动退出和隐瞒不退的比例，政府采取严格监管和非严格监管的比例。2 个流率变量用来表示集体经济组织采取主动退出策略的比例变化，政府采取非严格监管策略的比例变化。

在参考相关政策模拟文献赋值方法的基础上，兼顾演化博弈模型在不同情景下的限制条件，根据变量之间的逻辑关系进行赋值，来描述六种条件下各局部均衡点的动态演化过程。本研究设定仿真时长为十年，时间单位为月，令 INITIALTIME = 0，FINAL TIME = 120，取 TIME STEP = 0.03125。不同条件下参数赋值情况，如表 8-10 所示。

表 8-10　不同条件下参数赋值表

条件	Y	S	F	R	B	C
$Y > S > S - F, R + B > C$	8	6	4	1	2	2
$S > Y > S - F, R + B > C$	4	6	4	1	2	2
$Y < S - F, R + B > C$	2	6	2	1	2	2
$Y > S > S - F, R + B < C$	8	6	4	1	2	4
$S > Y > S - F, R + B < C$	4	6	4	1	2	4
$Y < S - F, R + B < C$	2	6	2	1	2	4

2. 不同初始策略对均衡点稳定性影响

将博弈双方初始策略进行划分，其中政府的初始策略分为高概率监管和低概率监管，承租者的初始策略分为高概率主动退出和低概率主动退出。因此博弈系统中共有 4 种初始策略情况：高概率监督—高概率主动退出、高概率监督—低概率主动退出、低概率监督—高概率主动退出、低概率监督—低概率主动退出。分别对 6 种不同初始策略组合进行模拟。为使模型具有更高的稳定性，高概率监管概率取 0.99，低概率监管取 0.01；高概率主动退出概率取 0.99，低概率主动退出取 0.01。

①当 $Y > S > S - F$，$R + B > C$ 时，（1，1）为演化稳定策略。此时，无论博弈双方如何选择初始策略，该博弈系统总能够达到政府不监管，集体经济组织主动退出的稳定状态，此情形下博弈系统存在稳定的演化稳定策略（不监管、主动退出），仿真结果与理论推导结果一致，验证了模型的有效性。

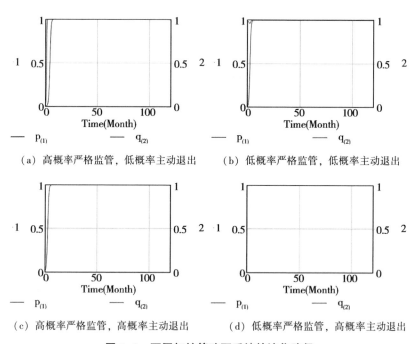

（a）高概率严格监管，低概率主动退出　　　（b）低概率严格监管，低概率主动退出

（c）高概率严格监管，高概率主动退出　　　（d）低概率严格监管，高概率主动退出

图 8-5　不同初始策略下系统的演化路径

②当 $S > Y > S - F$，$R + B > C$ 时，博弈系统没有演化稳定策略，在此条件下，无论初始策略如何变化，博弈双方始终不断动态调整自身策略，博弈系统不存在稳定的演化稳定策略，仿真结果与理论推导结果相符，验证了模型的有效性。

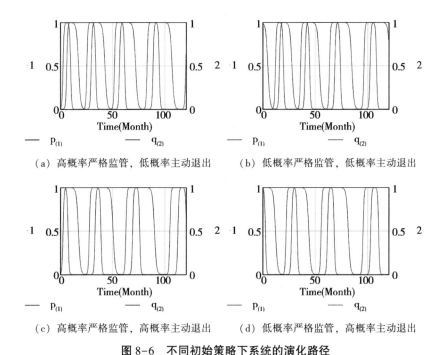

（a）高概率严格监管，低概率主动退出　　（b）低概率严格监管，低概率主动退出

（c）高概率严格监管，高概率主动退出　　（d）低概率严格监管，高概率主动退出

图 8-6　不同初始策略下系统的演化路径

③当 $Y < S - F$，$R + B > C$ 时，（0，1）为演化稳定策略，此时该博弈系统无论博弈双方如何选择初始策略，该博弈系统总能够达到政府监管，集体经济组织主动退出的稳定状态，此条件下博弈系统存在稳定的演化稳定策略（监管、主动退出），仿真结果理论推导结果一致，验证了模型的有效性。

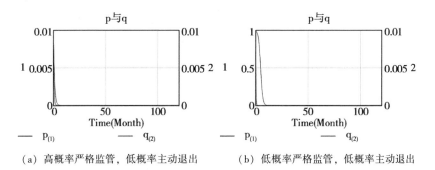

（a）高概率严格监管，低概率主动退出　　（b）低概率严格监管，低概率主动退出

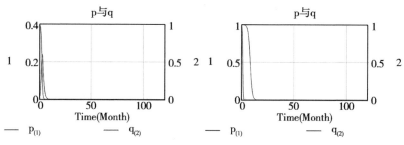

（c）高概率严格监管，高概率主动退出　　（d）低概率严格监管，高概率主动退出

图8-7　不同初始策略下系统的演化路径

④当$Y > S > S - F$，$R + B < C$时，（1，0）为演化稳定策略，此时该博弈系统无论博弈双方如何选择初始策略，该博弈系统总能够达到政府不监管，集体经济组织不主动退出的稳定状态，此条件下博弈系统存在稳定的演化稳定策略（不监管、不主动退出），仿真结果与理论推导结果一致，验证了模型的有效性。

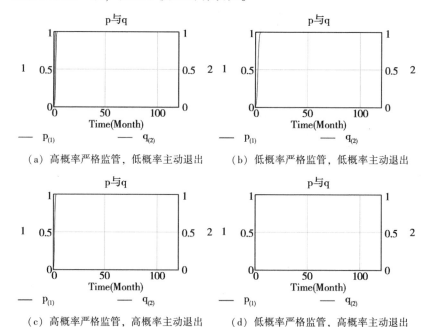

（a）高概率严格监管，低概率主动退出　　（b）低概率严格监管，低概率主动退出

（c）高概率严格监管，高概率主动退出　　（d）低概率严格监管，高概率主动退出

图8-8　不同初始策略下系统的演化路径

⑤当 $S > Y > S - F$，$R + B < C$ 时，该情形下没有演化稳定策略，在此条件下，无论初始策略如何变化，博弈双方始终不断动态调整自身策略，博弈系统不存在稳定的演化稳定策略，仿真结果与理论推导结果相符，验证了模型的有效性。

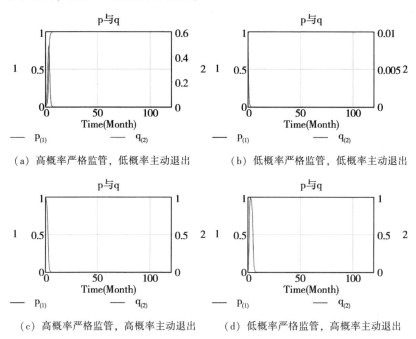

（a）高概率严格监管，低概率主动退出　（b）低概率严格监管，低概率主动退出

（c）高概率严格监管，高概率主动退出　（d）低概率严格监管，高概率主动退出

图 8-9　不同初始策略下系统的演化路径

⑥当 $Y < S - F$，$R + B < C$ 时，（0，1）为演化稳定策略，此时该博弈系统无论博弈双方如何选择初始策略，该博弈系统总能够达到政府监管，集体经济组织不主动退出的稳定状态，此情形下博弈系统存在稳定的演化稳定策略（监管、不主动退出），仿真结果与理论推导结果一致，验证了模型的有效性。

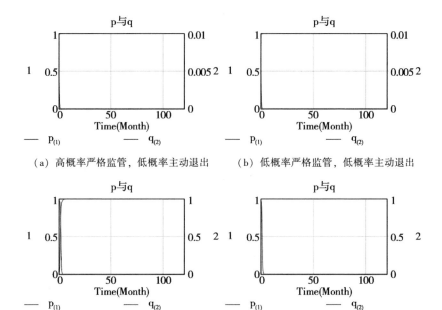

（a）高概率严格监管，低概率主动退出 （b）低概率严格监管，低概率主动退出

（c）高概率严格监管，高概率主动退出 （d）低概率严格监管，高概率主动退出

图 8-10 不同初始策略下系统的演化路径

3. 参数仿真分析

（1）政府严格监管成本 C 对政府选择策略的影响

在满足条件 $Y > S > S - F$、$R + B > C$ 的前提下，保持其他参数不变，通过降低和提高监管成本的模拟值，来观察政府严格监管成本的变化对政府选择策略的影响，故将监管成本 C 的数值由 2 分别调整为 1 和 4。由上节模拟检验结果可知，博弈方不同初始策略的选择并不会对最终的稳定结果造成影响。以双方初始策略为（0.5，0.5）为例。

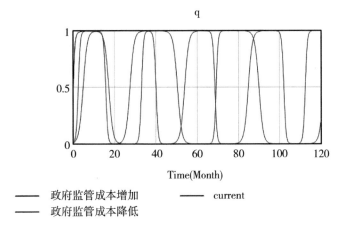

图 8-11　参数 C 对政府选择策略的影响

由图 8-11 可知：当政府严格监管成本 C 增加至 2.5 时，随着时间 t 的推移，政府选择非严格监管集体建设用地建设租赁住房的比例 p 由 0.5 趋于 1，表明在此条件下，政府的策略选择向"非严格监管"策略演化；当政府严格监管成本 C 减少到 1 时，政府选择非严格监管集体建设用地租赁住房的比例 p 向 1 演化的速度较 C 增加时变缓，表明在此条件下，政府的策略选择向"非严格监管"策略演化，即参数 C 的提高可以相对控制集体经济组织群体策略变化的波动性。

（2）政府非严格审查情况下政府管理部门的损失 R 对政府选择策略的影响

在满足条件 $Y > S > S - F$、$R + B > C$ 的前提下，保持其他参数不变，通过降低和提高政府非严格审查情况下政府管理部门的损失 R 的影响的模拟值来观察政府严格监管成本的变化对政府选择策略的影响，故将政府管理部门的损失 R 的数值由 1 分别调整为 0.5 和 4。由上节模拟检验结果可知，博弈方不同初始策略的选择并不会对最终的稳定结果造成影响。以双方初始策略为（0.5，0.5）为例。

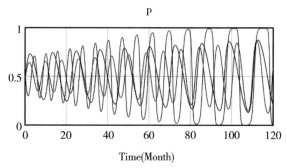

图 8-12　参数 R 对政府选择策略的影响

由图 8-12 可知：当政府非严格审查情况下政府管理部门的损失 R 增加至 4 时，随着时间 t 的推移，政府选择非严格监管集体建设用地建设租赁住房的比例 p 处于摇摆不定的状态，表明在此条件下，政府的策略选择处于不稳定的状态；当政府管理部门的损失 R 减少到 0.5 时，随着时间的推移，政府选择非严格监管集体建设用地租赁住房的比例也处于摇摆不定，表明在此条件下，政府的策略选择处于不稳定的状态。但同一时间段 R 减少较 R 增加，政府更倾向于选择非严格监管的策略，若增加 R，政府的态度就会变得更加摇摆不定。

（3）政府监管得力所得到的可再分配收益 B 对政府选择策略的影响

在满足条件 $Y > S > S - F$、$R + B > C$ 的前提下，保持其他参数不变，通过降低和提高政府非严格审查情况下政府监管得力所得到的可再分配收益 B 的影响的模拟值来观察政府严格监管成本的变化对政府选择策略的影响，故将政府监管得力所得到的可再分配收益 B 的数值由 2 分别调整为 1 和 4。由上节模拟检验结果可知，博弈方不同初始策略的选择并不会对最终的稳定结果造成影响。以双方初始策略为

（0.5，0.5）为例。

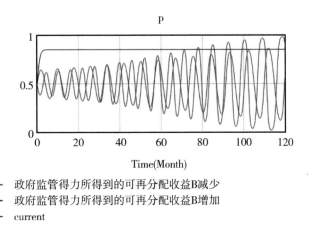

图 8-13 参数 B 对政府选择策略的影响

由图 8-13 可知：当政府监管得力所得到的可再分配收益 B 增加至 4 时，随着时间 t 的推移，政府选择非严格监管集体建设用地建设租赁住房的比例 p 由 0.5 趋于 1，并随着时间的推移，处于稳定的状态，表明在此条件下，政府的策略选择向"非严格监管"策略演化；当政府严格监管成本 C 减少到 1.5 时，随着时间的推移，政府选择非严格监管集体建设用地租赁住房的比例 p 向 1 演化的速度较 B 增加时变缓，但从长期来看也会处于稳定的状态，表明在此条件下，政府的策略选择向"非严格监管"策略演化。B 减少较 B 增加，系统达到平衡所需时间减少，但从长期来看无论 B 增加或减少对政府选择策略的影响均处于稳定状态。

（4）集体经济组织隐瞒不退所获得的额外收益 S 对集体经济组织选择策略的影响

在满足条件 $Y > S > S - F$、$R + B > C$ 的前提下，保持其他参数不变，通过降低和提高集体经济组织隐瞒不退所获得的额外收益 S 的影响的模拟值来观察政府严格监管成本的变化对政府选择策略的影响，故将集体经济组织隐瞒不退所获得的额外收益 S 的数值由 6 分别调整为 4 和 8。由上节模拟检验结果可知，博弈方不同初始策略的选择并不会对最终的稳定结果造成影响。以双方初始策略为（0.5，0.5）为例。

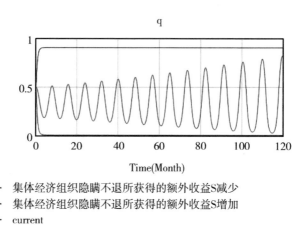

图 8-14　参数 S 对集体经济组织选择策略的影响

由图 8-14 可知：当集体经济组织隐瞒不退所获得的额外收益 S 增加至 7 时，随着时间 t 的推移，集体经济组织选择主动退出集体建设用地建设租赁住房的比例 p 由 0.5 趋于 1，并随着时间的推移，处于稳定的状态，表明在此条件下，集体经济组织的策略选择向"主动退出"策略演化；当集体经济组织隐瞒不退所获得的额外收益 S 减少到 4 时，随着时间的推移，集体经济组织选择主动退出集体建设用地租赁住房的比例 p 向 1 演化的速度较增加时变缓，但从长期来看也会处于稳定状态，表明在此条件下，集体经济组织的策略选择向"主动退出"策略演化，S 减少较 S 增加，系统达到平衡所需时间减少。但从长期来看无论 S 增加或减少对集体经济组织选择策略的影响均处于稳定状态。

（5）集体经济组织被监管退出后所受到的处罚以及社会名誉等损失 F 对集体经济组织选择策略的影响

在满足条件 $Y > S > S - F$、$R + B > C$ 的前提下，保持其他参数不变，通过降低和提高集体经济组织被监管退出后所受到的处罚以及社会名誉等损失 F 的影响的模拟值来观察政府严格监管成本的变化对集体经济组织选择策略的影响，故将集体经济组织被监管退出后所受到的处罚以及社会名誉等损失 F 的数值由 4 分别调整为 2 和 6。由上节模拟检验结果可知，博弈方不同初始策略的选择并不会对最终的稳定结果造成影响。以双方初始策略为（0.5，0.5）为例。

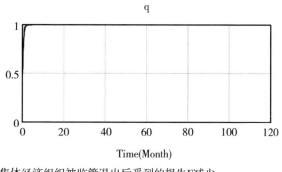

q

Time(Month)

——　集体经济组织被监管退出后受到的损失F减少
——　集体经济组织被监管退出后受到的损失F增加
——　current

图 8-15　参数 F 对集体经济组织选择策略的影响

由图 8-15 可知：当集体经济组织被监管退出后所受到的处罚以及社会名誉等损失 F 增加至 6 时，随着时间 t 的推移，集体经济组织选择主动退出集体建设用地建设租赁住房的比例 p 由 0.5 趋于 1，并随着时间的推移，处于稳定的状态。表明在此条件下，集体经济组织的策略选择向"主动退出"策略演化；当集体经济组织被监管退出后所受到的处罚以及社会名誉等损失 F 减少到 2 时，随着时间的推移，集体经济组织选择主动退出集体建设用地租赁住房的比例 p 向 1 演化的速度较增加时变缓，但从长期来看也会处于稳定状态。表明在此条件下，集体经济组织的策略选择向"主动退出"策略演化，F 减少较 F 增加，系统达到平衡所需时间减少，但从长期来看无论 F 增加或减少对集体经济组织选择策略的影响处于稳定状态。

（6）集体经济组织主动退出时政府对集体经济的补偿 Y 对政府选择策略的影响

在满足条件 $Y > S > S - F$、$R + B > C$ 的前提下，保持其他参数不变，通过降低和提高集体经济组织主动退出时政府对集体经济的补偿 Y 的影响的模拟值来观察政府严格监管成本的变化对政府选择策略的影响，故将集体经济组织主动退出时政府对集体经济的补偿 Y 的数值由 8 分别调整为 6 和 10。由上节模拟检验结果可知，博弈方不同初始策略的选择并不会对最终的稳定结果造成影响。以双方初始策略为（0.5，0.5）为例。

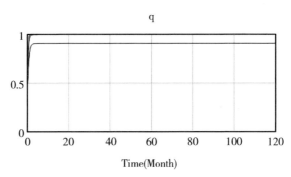

图 8-16 参数 Y 对政府选择策略的影响

由图 8-16 可知：当集体经济组织主动退出时政府对集体经济的补偿 Y 增加至 10 时，随着时间 t 的推移，集体经济组织选择主动退出集体建设用地建设租赁住房的概率 p 由 0.5 趋于 1，并随着时间的推移，处于稳定的状态。表明在此条件下，集体经济组织的策略选择向"主动退出"策略演化；当 Y 减少到 7 时，随着时间的推移，集体经济组织选择主动退出集体建设用地租赁住房的比例 p 向 1 演化的速度较增加时变缓，但从长期来看也会处于稳定的状态。表明在此条件下，集体经济组织的策略选择向"主动退出"策略演化，Y 减少较 Y 增加，系统达到平衡所需时间增加，但从长期来看，无论 Y 增加或减少对集体经济组织选择策略的影响处于稳定状态。

同理分析当集体经济组织主动退出时政府对集体经济的补偿 Y 增加至 10 时，随着时间 t 的推移，政府选择"非严格监管"的策略的比例 q 由 0.5 趋于 1，逐渐处于平缓。表明在此条件下，政府策略选择向"非严格监管"策略演化；当 Y 减少到 7 时，政府选择"非严格监管"的概率 p 向 1 演化的速度较增加时变缓，但从长期来看也会处于稳定的状态。表明在此条件下，政府的策略选择向"非严格监管"策略演化，但是同一时间段 Y 减少较 Y 增加政府选择非严格监管的策略概率小，但从长期来看无论 Y 增加或减少对政府选择策略的影响处于稳定状态。

通过以上分析可以得出，对于政府而言，政府主管部门提高对集体经济组织的监管成本、政府监管得力所得到的可再分配收益，均可降低集体经济组织隐瞒不退行为发生的概率，利于控制博弈系统的稳定性；政府非严格审查情况下政府管理部门的损失无论增加或者减少均不可使系统处于稳定状态、集体经济组织主动退出时政府减少对集体经济组织补偿有助于系统趋向于稳定状态。对于集体经济组织而言，若增加集体经济组织隐瞒不退所获得的额外收益、集体经济组织被监管退出后所受到的处罚以及社会名誉等损失，集体经济组织则趋向于选择主动退出；集体经济组织主动退出时政府增加对集体经济组织的补偿有助于集体经济组织倾向于选择主动退出。而在集体建设用地租赁住房主管部门实际监督管理过程中，当集体建设用地租赁住房违规现象频繁发生时，迫于社会监管和舆论的压力，集体建设用地租赁住房主管部门往往会对违规集体经济组织做出严厉的惩罚措施，若此时集体经济组织仍然选择隐瞒退出策略，那么违规集体经济组织将受到严厉的惩罚，同时，该群体中其他有着违规行为的个体观察到此信息，则会选择主动退出策略，从而使得集体建设用地租赁住房得到有效退出。随着时间的推移，集体建设用地租赁住房退出行为得到了有效的发展，而集体建设用地租赁住房主管部门选择监督策略时又会花费大量的成本，鉴于此，其监督力度逐步放松，此时又会助长集体经济组织隐瞒退出行为的发生，甚而引起集体建设用地租赁住房乱象，最终导致双方在博弈过程中策略的反复波动和震荡，无法达到稳定的均衡状态。

二、合作企业退出集体建设用地租赁住房演化博弈仿真

1. 合作企业退出系统演化博弈 SD 模型

根据对集体经济组织租赁住房退出系统的均衡点稳定性分析结果，将利用 Vensim PLE 软件建立对应的系统动力学模型，对理论模型做进一步解释。根据博弈双方复制动态方程所表达的参数间因果关系进行建模。

该模型主要由 4 个流位变量，2 个流率变量，5 个外部变量，4 个中间变量构成。4 个流位变量表示合作企业采取主动退出和隐瞒不退的比例，集体经济组织采取严格监管和非严格监管的比例。2 个流率变量用来表示合作企业采取主动退出策略的比例变化，集体经济组织采取非严格监管策略的比例变化。

本研究在参考相关政策模拟文献赋值方法的基础上，兼顾演化博弈模型在不同情景下的限制条件，根据变量之间的逻辑关系进行赋值，来描述六种条件下各局部均衡点的动态演化过程。本研究设定仿真时长为十年，时间单位为月，令 INITIAL TIME = 0，FINAL TIME = 120，取 TIME STEP = 0.03125。不同条件下参数赋值情况如表 8-11 所示。

表 8-11　不同条件下参数赋值表

条件	F_1	S_1	R_1	B_1	C_1
$F_1 - S_1 > 0$，$R_1 + B_1 > C_1$	6	4	1	2	2
$F_1 - S_1 > 0$，$R_1 + B_1 < C_1$	6	4	1	2	4
$F_1 - S_1 < 0$，$R_1 + B_1 > C_1$	4	6	1	2	2
$F_1 - S_1 < 0$，$R_1 + B_1 < C_1$	4	6	1	2	4

2. 不同初始策略对均衡点稳定性影响

本章节将博弈双方初始策略进行划分，其中集体经济组织的初始策略分为高概率监管和低概率监管，合作企业的初始策略分为高概率主动退出和低概率主动退出。因此博弈系统中共有 4 种初始策略情况：高概率监督-高概率主动退出、高概率监督-低概率主动退出、低概率监督-高概率主动退出、低概率监督-低概率主动退出。分别对不同初始策略组合进行模拟。为使模型具有更高的稳定性，高概率监管概率取 0.99，低概率监管取 0.01；高概率主动退出概率取 0.99，低概率主动退出取 0.01。

①当 $F_1 - S_1 > 0$，$R_1 + B_1 > C_1$ 时，博弈系统没有演化稳定策略，在此条件下，无论初始策略如何变化，博弈双方始终不断动态调整自身策略，博弈系统不存在稳定的演化稳定策略，仿真结果与理论推导结果相符，验证了模型的有效性。

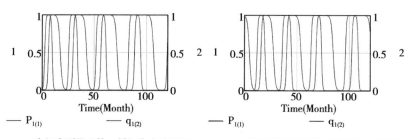

（a）高概率严格监管，低概率主动退出　　（b）低概率严格监管，低概率主动退出

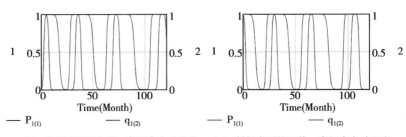

（c）高概率严格监管，高概率主动退出　　（d）低概率严格监管，高概率主动退出

图 8-17　不同初始策略下系统的演化路径

②当 $F_1 - S_1 > 0$，$R_1 + B_1 < C_1$ 时，（1，0）为演化稳定策略。此时，无论博弈双方如何选择初始策略，该博弈系统总能够达到集体经济组织非严格审查，合作企业隐瞒不退的稳定状态，此情形下博弈系统存在稳定的演化稳定策略（非严格审查、隐瞒不退），仿真结果与理论推导结果一致，验证了模型的有效性。

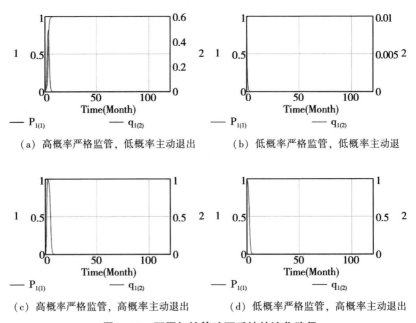

（a）高概率严格监管，低概率主动退出　　（b）低概率严格监管，低概率主动退

（c）高概率严格监管，高概率主动退出　　（d）低概率严格监管，高概率主动退出

图 8-18　不同初始策略下系统的演化路径

③当 $F_1 - S_1 < 0$，$R_1 + B_1 > C_1$ 时，（0，0）为演化稳定策略。此时，无论博弈双方如何选择初始策略，该博弈系统总能够达到集体经济组织严格审查，合作企业隐瞒不退的稳定状态，此情形下博弈系统存在稳定的演化稳定策略（严格审查、隐瞒不退），仿真结果与理论推导结果一致，验证了模型的有效性。

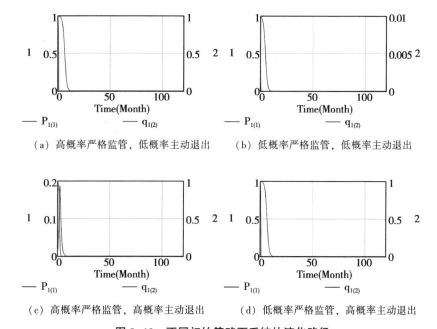

（a）高概率严格监管，低概率主动退出   （b）低概率严格监管，低概率主动退出

（c）高概率严格监管，高概率主动退出   （d）低概率严格监管，高概率主动退出

图 8-19   不同初始策略下系统的演化路径

④当 $F_1 - S_1 < 0$，$R_1 + B_1 < C_1$ 时，（1，0）为演化稳定策略。此时，无论博弈双方如何选择初始策略，该博弈系统总能够达到集体经济组织非严格审查，合作企业隐瞒不退的稳定状态，此情形下博弈系统存在稳定的演化稳定策略（非严格审查、隐瞒不退），仿真结果与理论推导结果一致，验证了模型的有效性。

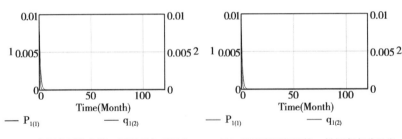

（a）高概率严格监管，低概率主动退出　　　（b）低概率严格监管，低概率主动退出

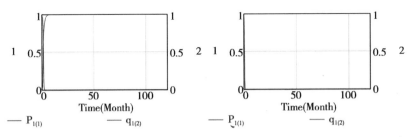

（c）高概率严格监管，高概率主动退出　　　（d）低概率严格监管，高概率主动退出

图8-20　不同初始策略下系统的演化路径

3. 参数仿真分析

本节运用 Vensim PLE 对参数进行仿真模拟，以横轴表示时间 t，设定 $t \in$（0，120），以纵轴表示博弈主体策略选择的比例，即集体经济组织选择主动退出策略的比例为 q、集体经济组织选择非严格监管策略的比例为 p，q，$p \in$（0，1）。本节以双方初始策略为（0.5，0.5）为例。current 为原情形。

（1）集体经济组织监管合作开发企业退出的审查成本 C_1 对集体经济组织选择策略的影响

在满足条件 $F_1 - S_1 > 0$、$R_1 + B_1 > C_1$ 的前提下，保持其他参数不变，通过降低和提高集体经济组织监管合作开发企业退出的审查成本的模拟值来观察集体经济组织严格监管成本的变化对集体经济组织选择策略的影响，故将监管成本 C_1 的数值由2分别调整为1和2.5。

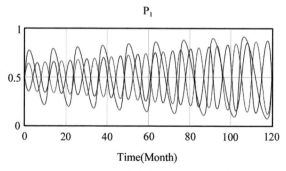

图 8-21 参数 C_1 对集体经济组织选择策略的影响

由图 8-21 可知：当集体经济组织监管合作开发企业退出的审查成本 C_1 增加至 2.5 时，随着时间 t 的推移，集体经济组织选择非严格监管集体建设用地建设租赁住房的比例 p_1 处于摇摆不定的状态，表明在此条件下，集体经济组织的策略选择处于不稳定的状态；当集体经济组织监管合作开发企业退出的审查成本 C_1 减少到 1 时，随着时间的推移，集体经济组织选择非严格监管集体建设用地租赁住房的比例也处于摇摆不定的状态。表明在此条件下，集体经济组织的策略选择处于不稳定的状态，但是同一时间段 C_1 减少较 C_1 增加，政府更倾向于选择非严格监管的策略，若增加 C_1，集体经济组织的态度就会变得更加摇摆不定。

（2）集体经济组织采取非严格审查策略所造成的损失 R_1 对集体经济组织选择策略的影响

在满足条件 $F_1 - S_1 > 0$、$R_1 + B_1 > C_1$ 的前提下，保持其他参数不变，通过降低和提高监管成本的模拟值来观察集体经济组织采取非严格审查策略所造成的损失 R_1 的变化对集体经济组织选择策略的影响，故将集体经济组织采取非严格审查策略所造成的损失 R_1 的数值由 1 分别调整为 0.5 和 2。

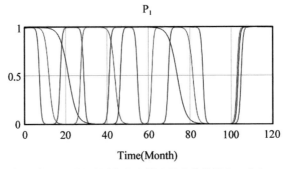

图 8-22 参数 R_1 对集体经济组织选择策略的影响

由图 8-22 可知：当集体经济组织采取非严格审查策略所造成的损失 R_1 增加至 2 时，随着时间 t 的推移，集体经济组织选择非严格监管集体建设用地建设租赁住房的比例 p_1 处于摇摆不定的状态，表明在此条件下，集体经济组织的策略选择处于不稳定的状态；当集体经济组织管理部门的损失 R_1 减少到 0.5 时，随着时间的推移，集体经济组织选择非严格监管集体建设用地租赁住房的比例也处于摇摆不定。表明在此条件下，集体经济组织的策略选择处于不稳定的状态，但是同一时间段集体经济组织损失 R_1 减少较集体经济组织损失 R_1 增加，集体经济组织更倾向于选择非严格监管的策略，若减少集体经济组织损失 R_1，集体经济组织的态度就会变得更加摇摆不定。

（3）集体经济组织监管得力所得到的可再分配收益 B_1 对集体经济组织选择策略的影响

在满足条件 $F_1 - S_1 > 0$、$R_1 + B_1 > C_1$ 的前提下，保持其他参数不变，通过降低和提高监管成本的模拟值来观察集体经济组织监管得力所得到的可再分配收益 B_1 的变化对集体经济组织选择策略的影响，故将集体经济组织监管得力所得到的可再分配收益 B_1 的数值由 2 分别调整为 1.5 和 3。

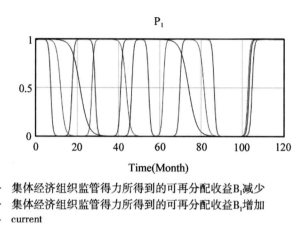

图 8-23　**参数 B_1 对集体经济组织选择策略的影响**

由图 8-23 可知：当集体经济组织监管得力所得到的可再分配收益 B_1 增加至 3 时，随着时间 t 的推移，集体经济组织选择非严格监管集体建设用地建设租赁住房的比例 p_1 处于摇摆不定的状态，表明在此条件下，集体经济组织的策略选择处于不稳定的状态；当集体经济组织监管得力所得到的可再分配收益 B_1 减少到 1.5 时，随着时间的推移，集体经济组织选择非严格监管集体建设用地租赁住房的比例也处于摇摆不定的状态。表明在此条件下，集体经济组织的策略选择处于不稳定的状态，但是同一时间段 B_1 减少较 B_1 增加，集体经济组织更倾向于选择非严格监管的策略，若减少集体经济组织监管得力所得到的可再分配收益 B_1，集体经济组织的态度就会变得更加摇摆不定。

（4）合作开发企业隐瞒不退时所获得的收益 S_1 对合作开发企业选择策略的影响

在满足条件 $F_1 - S_1 > 0$、$R_1 + B_1 > C_1$ 的前提下，保持其他参数不变，通过降低和提高监管成本的模拟值来观察合作开发企业隐瞒不退

时所获得的收益 S_1 的变化对合作开发企业选择策略的影响，故将合作开发企业隐瞒不退时所获得的收益 S_1 的数值由 4 分别调整为 3 和 4.5。

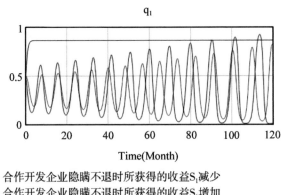

图 8-24　参数 S_1 对合作开发企业选择策略的影响

由图 8-24 可知：当合作开发企业隐瞒不退时所获得的收益 S_1 增加至 4.5 时，随着时间 t 的推移，合作开发企业选择主动退出集体建设用地建设租赁住房的比例 p_1 处于摇摆不定的状态，表明在此条件下，合作开发企业的策略选择处于不稳定的状态；当合作开发企业隐瞒不退时所获得的收益 S_1 减少到 3 时，合作开发企业选择主动退出。表明在此条件下，合作开发企业的策略选择处于不稳定的状态，但是同一时间段 S_1 减少较 S_1 增加，合作开发企业更倾向于选择非严格监管的策略，若增加 S_1，合作开发企业的态度就会变得更加摇摆不定。

（5）合作开发企业被监管退出后所受的处罚以及社会名誉等损失 F_1 对合作开发企业选择策略的影响

在满足条件 $F_1 - S_1 > 0$、$R_1 + B_1 > C_1$ 的前提下，保持其他参数不变，通过降低和提高监管成本的模拟值来观察合作开发企业被监管退出后所受的处罚以及社会名誉等损失 F_1 的变化对合作开发企业选择策略的影响，故将合作开发企业被监管退出后所受的处罚以及社会名誉

等损失 F_1 的数值由 6 分别调整为 8 和 5。

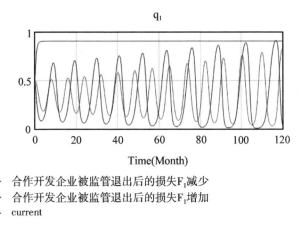

$$q_1$$

合作开发企业被监管退出后的损失 F_1 减少
合作开发企业被监管退出后的损失 F_1 增加
current

图 8-25　参数 F_1 对合作开发企业选择策略的影响

由图 8-25 可知：当合作开发企业被监管退出后所受的处罚以及社会名誉等损失 F_1 增加至 8 时，随着时间 t 的推移，合作开发企业选择主动退出集体建设用地建设租赁住房的比例 q_2 处于摇摆不定的状态，表明在此条件下，合作开发企业的策略选择处于不稳定的状态；当 F_1 减少到 5 时，随着时间的推移，合作开发企业选择主动退出集体建设用地租赁住房摇摆不定，表明在此条件下，合作开发企业的策略选择处于不稳定的状态，但同一时间段 F_1 减少较 F_1 增加，合作开发企业更倾向于选择主动退出的策略，若减少 F_1，合作开发企业的态度就会变得更加波动。

通过以上分析可以得出，对于集体经济组织而言：集体经济组织提高对合作开发企业监管成本、政府监管得力所得到的可再分配收益均可降低隐瞒不退行为发生的概率，有利于控制博弈系统的稳定性；集体经济组织非严格审查情况下的损失无论增加或者减少均不可使系统处于稳定状态。对于合作开发企业而言，增加合作开发企业隐瞒不退所获得的额外收益、合作开发企业被监管退出后所受到的处罚以及社会名誉等损失，有利于合作开发企业选择主动退出；合作开发企业主动退出时增加集体经济组织对合作开发的补偿，有助于合作开发企业倾向于选择主动退出。而在集体建设用地租赁住房主管部门实际监督管理过程中，当集体建设用地租赁住房违规现象频繁发生时，迫于社会监管和舆论的压力，集体建设用地租赁住房主管部门往往会对违规的合作开发企业采取严厉的惩罚措施，若此时合作开发企业仍然选择隐瞒退出策略，那么违规的合作开发企业将受到严厉的惩罚，同时，该群体中其他有着违规行为的个体观察到此信息，则会选择主动退出策略，从而使得集体建设用地租赁住房得到有效流转。随着时间的推移，集体建设用地租赁住房退出行为得到了有效的发展，而集体建设用地租赁住房主管部门选择监督策略时又会花费大量的成本，鉴于此，其监督力度逐步放松，此时又会助长合作开发企业隐瞒退出行为的发生，甚而引起集体建设用地租赁住房乱象，最终导致双方在博弈过程中策略的反复波动和震荡，无法达到稳定的均衡状态。

三、承租户退出集体建设用地租赁住房演化博弈仿真

1. 承租户退出系统演化博弈 SD 模型

根据集体经济组织租赁住房退出系统的均衡点稳定性分析结果，将利用 Vensim PLE 软件建立对应的系统动力学模型，对理论模型做进一步解释。根据博弈双方复制动态方程所表达的参数间因果关系进行建模，如图 8-26 所示。

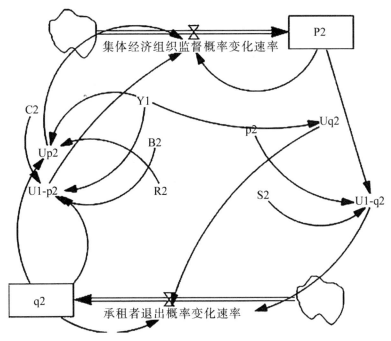

图 8-26 承租者退出系统演化博弈 SD 模型图

该模型主要由 4 个流位变量, 2 个流率变量, 6 个外部变量, 4 个中间变量构成。4 个流位变量表示集体经济组织采取主动退出和隐瞒不退的比例, 政府采取严格监管和非严格监管的比例。2 个流率变量用来表示集体经济组织采取主动退出策略的比例变化, 政府采取非严格监管策略的比例变化。

在参考相关政策模拟文献赋值方法的基础上, 兼顾演化博弈模型的不同条件状态, 根据变量之间的逻辑关系进行赋值, 来描述不同条件下各局部均衡点的动态演化过程。本研究设定仿真时长为十年, 时间单位为月, 令 INITIAL TIME＝0, FINAL TIME＝120, 取 TIME STEP＝0.03125。不同条件下参数赋值情况, 如表 8-12 所示。

表 8-12 不同条件下参数赋值表

条件	Y_1	S_2	F_2	R_2	B_2	C_2
$Y_1 > S_2 > S_2 - F_2,\ R_2 + B_2 > C_2$	8	6	4	1	2	2
$S_2 > Y_1 > S_2 - F_2,\ R_2 + B_2 > C_2$	4	6	4	1	2	2
$Y_1 < S_2 - F_2,\ R_2 + B_2 > C_2$	2	6	2	1	2	2
$Y_1 > S_2 > S_2 - F_2,\ R_2 + B_2 < C_2$	8	6	4	1	2	4
$S_2 > Y_1 > S_2 - F_2,\ R_2 + B_2 < C_2$	4	6	4	1	2	4
$Y_1 < S_2 - F_2,\ R_2 + B_2 < C_2$	2	6	2	1	2	4

2. 不同初始策略对均衡点稳定性影响

本研究将博弈双方初始策略进行划分，其中政府的初始策略分为高概率监管和低概率监管，承租者的初始策略分为高概率主动退出和低概率主动退出。因此博弈系统中共有 4 种初始策略情况：高概率监督-高概率主动退出、高概率监督-低概率主动退出、低概率监督-高概率主动退出、低概率监督-低概率主动退出。分别对不同初始策略组合进行模拟。为使模型具有更高的稳定性，高概率监管概率取 0.99，低概率监管取 0.01；高概率主动退出概率取 0.99，低概率主动退出取 0.01。

①当 $Y_1 > S_2 > S_2 - F_2,\ R_2 + B_2 > C_2$ 时，（1，1）为演化稳定策略。此时，无论博弈双方如何选择初始策略，该博弈系统总能够达到政府不监管，承租者主动退出的稳定状态，此情形下博弈系统存在稳定的演化稳定策略（不监管、主动退出），仿真结果与理论推导结果一致，验证了模型的有效性。

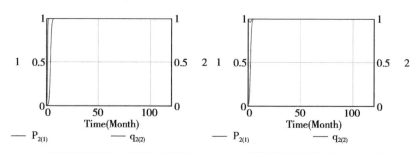

（a）高概率严格监管，低概率主动退出	（b）低概率严格监管，低概率主动退出

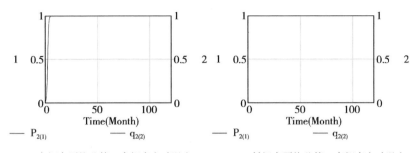

（c）高概率严格监管，高概率主动退出　　（d）低概率严格监管，高概率主动退出

图 8-27　不同初始策略下系统的演化路径

②当 $S_2 > Y_1 > S_2 - F_2$、$R_2 + B_2 > C_2$ 时，该情形下没有演化稳定策略，在此条件下，无论初始策略如何变化，博弈双方始终不断动态调整自身策略，博弈系统不存在稳定的演化稳定策略，仿真结果与理论推导结果相符，验证了模型的有效性。

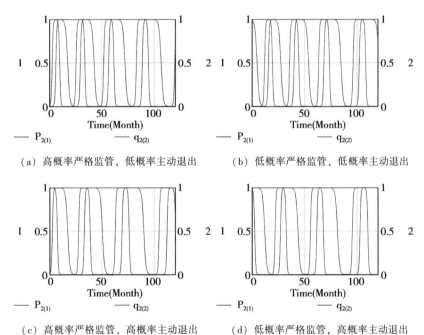

（a）高概率严格监管，低概率主动退出　　（b）低概率严格监管，低概率主动退出

（c）高概率严格监管，高概率主动退出　　（d）低概率严格监管，高概率主动退出

图 8-28　不同初始策略下系统的演化路径

③当 $Y_1 < S_2 - F_2$、$R_2 + B_2 > C_2$ 时，（0，1）为演化稳定策略，此时该博弈系统无论博弈双方如何选择初始策略，该博弈系统总能够达到政府监管，承租者主动退出的稳定状态，此情形下博弈系统存在稳定的演化稳定策略（监管、主动退出），仿真结果与理论推导结果一致，验证了模型的有效性。

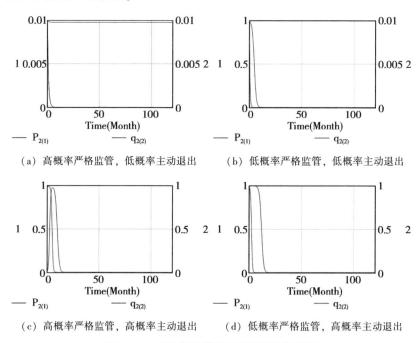

（a）高概率严格监管，低概率主动退出　　　（b）低概率严格监管，低概率主动退出

（c）高概率严格监管，高概率主动退出　　　（d）低概率严格监管，高概率主动退出

图 8-29　不同初始策略下系统的演化路径

④当 $Y_1 > S_2 > S_2 - F_2$、$R_2 + B_2 < C_2$ 时，（1，0）为演化稳定策略，此时该博弈系统无论博弈双方如何选择初始策略，该博弈系统总能够达到政府不监管，承租者不主动退出的稳定状态，此情形下博弈系统存在稳定的演化稳定策略（不监管、不主动退出），仿真结果与理论推导结果一致，验证了模型的有效性。

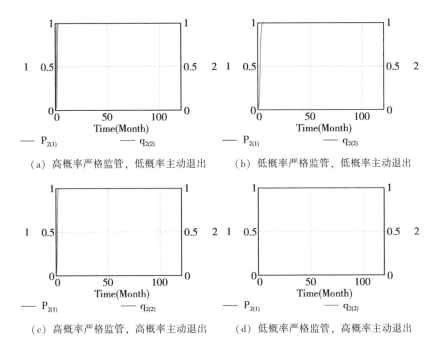

（a）高概率严格监管，低概率主动退出 （b）低概率严格监管，低概率主动退出

（c）高概率严格监管，高概率主动退出 （d）低概率严格监管，高概率主动退出

图 8-30 不同初始策略下系统的演化路径

⑤当 $S_2 > Y_1 > S_2 - F_2$，$R_2 + B_2 < C_2$ 时，该情形下没有演化稳定策略，在此条件下，无论初始策略如何变化，博弈双方始终不断动态调整自身策略，博弈系统不存在稳定的演化稳定策略，仿真结果与理论推导结果相符，验证了模型的有效性。

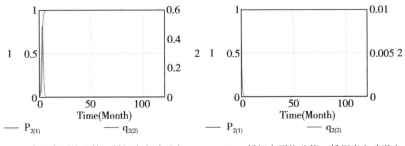

（a）高概率严格监管，低概率主动退出 （b）低概率严格监管，低概率主动退出

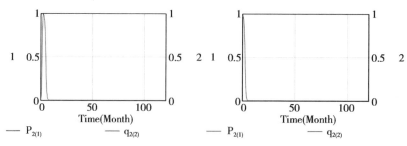

（c）高概率严格监管，高概率主动退出　　（d）低概率严格监管，高概率主动退出

图 8-31　不同初始策略下系统的演化路径

⑥当 $Y_1 < S_2 - F_2$、$R_2 + B_2 < C_2$ 时，（0，1）为演化稳定策略，此时该博弈系统无论博弈双方如何选择初始策略，该博弈系统总能够达到政府监管，承租者不主动退出的稳定状态，此情形下博弈系统存在稳定的演化稳定策略（监管、不主动退出），仿真结果与理论推导结果一致，验证了模型的有效性。

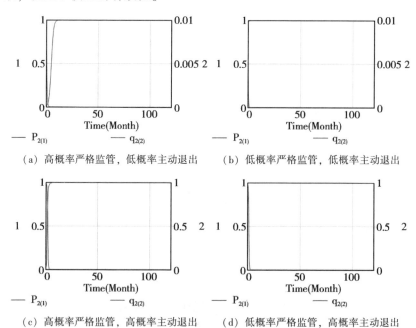

（a）高概率严格监管，低概率主动退出　　（b）低概率严格监管，低概率主动退出

（c）高概率严格监管，高概率主动退出　　（d）低概率严格监管，高概率主动退出

图 8-32　不同初始策略下系统的演化路径

3. 参数仿真分析

本节运用 Vensim PLE 对参数进行仿真模拟，以横轴表示时间 t，设定 t∈（0，120），以纵轴表示博弈主体策略选择的比例，即集体经济组织选择主动退出策略的比例为 q、政府选择非严格监管策略的比例为 p，q、p∈（0，1）。以双方初始策略为（0.5，0.5）为例。current 为原情形。

（1）承租者隐瞒不退所获的收益 S_2 对承租者选择策略的影响

在满足条件 $Y_1 > S_2 > S_2 - F_2$、$R_2 + B_2 > C_2$ 的前提下，保持其他参数不变，通过降低和提高承租者隐瞒不退所获的收益 S_2 的影响的模拟值，来观察承租者隐瞒不退所获得的额外收益 S_2 的变化对承租者选择策略的影响，故将承租者隐瞒不退所获得的额外收益 S_2 的数值由 6 分别调整为 5 和 7。

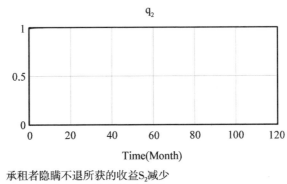

　　── 承租者隐瞒不退所获的收益S_2减少
　　── 承租者隐瞒不退所获的收益S_2增加
　　── current

图 8-33　参数 S_2 对承租者选择策略的影响

由图 8-33 可知：当承租者隐瞒不退所获得的额外收益 S_2 增加至 7 时，随着时间 t 的推移，承租者选择主动退出集体建设用地建设租赁住房的比例 p_2 由 0.5 趋于 1，并随着时间的推移，处于稳定的状态，表明在此条件下，承租者的策略选择向"主动退出"策略演化；当承租者隐瞒不退所获得的额外收益 S_2 减少到4时，随着时间的推移，承租者选择主动退出集体建设用地租赁住房的比例 p_2 向1演化的速度较增加时变缓，表明在此条件下，承租者的策略选择向"主动退出"策略演化。S_2 减少较 S_2 增加，系统达到平衡所需时间减少，但从长期来看无论 S_2 增加或减少对承租者选择策略的影响处于稳定状态。

（2）承租者被监管退出后所受到的处罚以及社会名誉等损失 F_2 对承租者选择策略的影响

在满足条件 $Y_1 > S_2 > S_2 - F_2$、$R_2 + B_2 > C_2$ 的前提下，保持其他参数不变，通过降低和提高承租者被监管退出后所受到的处罚以及社会名誉等损失 F_2 的影响的模拟值来观察政府严格监管成本的变化对政府选择策略的影响，故将集体经济组织被监管退出后所受到的处罚以及社会名誉等损失 F_2 的数值由4分别调整为2和6，如图8-34所示。

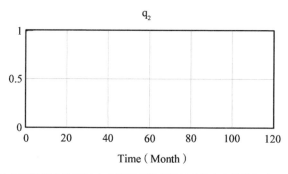

q_2

——（2）承租者被监管退出后所受到的处罚以及社会名誉等损失 F_2
——（2）承租者被监管退出后所受到的处罚以及社会名誉等损失 F_2
—— current

图8-34　参数 F_2 对承租者选择策略的影响

由图8-34可知：当承租者被监管退出后所受到的处罚以及社会名誉等损失 F_2 增加至6时，随着时间 t 的推移，承租者选择主动退出集体建设用地建设租赁住房的比例 p_2 由0.5趋于1，并随着时间的推移，处于稳定的状态。表明在此条件下，承租者的策略选择向"主动退出"

策略演化；当承租者被监管退出后所受到的处罚以及社会名誉等损失 F_2 减少到 2 时，随着时间的推移，承租者选择主动退出集体建设用地租赁住房的比例 p_2 向 1 演化的速度较增加时变缓。表明在此条件下，承租者的策略选择向"主动退出"策略演化，F_2 减少较 F_2 增加，系统达到平衡所需时间减少。但从长期来看无论 F_2 增加或减少对承租者选择策略的影响处于稳定状态。

（3）承租者主动退出集体经济组织给予的奖励 Y_1 对双方选择策略的影响

在满足条件 $Y_1 > S_2 > S_2 - F_2$、$R_2 + B_2 > C_2$ 的前提下，保持其他参数不变，通过降低和提高集体经济组织主动退出时政府对集体经济的补偿 Y_1 的影响的模拟值来观察政府严格监管成本的变化对政府选择策略的影响，故将承租者主动退出时政府对集体经济的补偿 Y_1 的数值由 8 分别调整为 6 和 10。

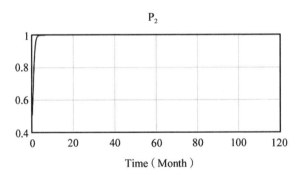

—— 承租者主动退出集体经济组织给予的奖励 Y_1 减少
—— 承租者主动退出集体经济组织给予的奖励 Y_1 增加
—— current

（a）参数 Y_1 对集体经济组织选择策略的影响

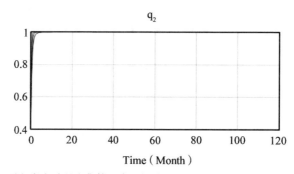

（b）参数 Y_1 对承租者选择策略的影响

图 8-35　参数 Y_1 对双方选择策略的影响

由图 8-35 可知：当承租者主动退出时政府对集体经济的补偿 Y_1 增加至 10 时，随着时间 t 的推移，承租者选择主动退出集体建设用地建设租赁住房的比例 p_2 由 0.5 趋于 1，并随着时间的推移，处于稳定的状态。表明在此条件下，集体经济组织的策略选择向"主动退出"策略演化；当 Y_1 减少到 7 时，随着时间的推移，集体经济组织选择主动退出集体建设用地租赁住房的比例 p_2 向 1 演化的速度较增加时变缓，表明在此条件下，集体经济组织的策略选择向"主动退出"策略演化。Y_1 减少较 Y_1 增加系统达到平衡所需时间增加，但从长期来看无论 Y_1 增加或减少对政府选择策略的影响处于稳定状态。

同理分析当承租者主动退出时政府对集体经济的补偿 Y_1 增加至 10 时，随着时间 t 的推移，政府选择"非严格监管"的策略的比例 q_2 由 0.5 趋于 1，并随着时间的推移，处于稳定的状态。表明在此条件下，政府策略选择向"非严格监管"策略演化；当 Y_2 减少到 7 时，随着时间的推移，政府选择"非严格监管"的概率 q_2 向 1 演化的速度较增加时变缓，表明在此条件下，政府的策略选择向"非严格监管"策略演化。Y_1 减少较 Y_1 增加系统达到平衡所需时间减少，但从长期来看无论 Y_1 增加或减少对政府选择策略的影响处于稳定状态。

（4）集体经济组织监管退出的审查成本 C_2 对集体经济组织选择策略的影响

在满足条件 $Y_1 > S_2 > S_2 - F_2$、$R_2 + B_2 > C_2$ 的前提下，保持其他参数不变，通过降低和提高监管成本的模拟值来观察政府严格监管成本的变化对政府选择策略的影响，故将监管成本 C_2 的数值由 2 分别调整为 1 和 2.5。

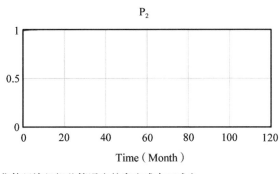

图 8-36　参数 C_2 对集体经济组织选择策略的影响

由图 8-36 可知：当集体经济组织监管合作开发企业退出的审查成本 C_2 增加至 2.5 时，随着时间 t 的推移，集体经济组织选择非严格监管集体建设用地建设租赁住房住房的比例 p_2 处于摇摆不定的状态，表明在此条件下，集体经济组织的策略选择处于不稳定的状态；当集体经济组织监管合作开发企业退出的审查成本 C_2 减少到 1 时，随着时间的推移，集体经济组织选择非严格监管集体建设用地租赁住房的比例也处于摇摆不定的状态。表明在此条件下，集体经济组织的策略选择处于不稳定的状态，C_2 减少较 C_2 增加，系统达到平衡所需时间减少，

若增加 C_2，集体经济组织的态度就会变得更加摇摆不定。

（5）集体经济组织采取非严格审查的策略所造成的损失 R_2 对集体经济组织选择策略的影响

在满足条件 $Y_1 > S_2 > S_2 - F_2$、$R_2 + B_2 > C_2$ 的前提下，保持其他参数不变，通过降低和提高政府非严格审查情况下政府管理部门的损失 R_2 的影响的模拟值来观察政府严格监管成本的变化对政府选择策略的影响，故将政府管理部门的损失 R_2 的数值由 1 分别调整为 0.5 和 3，如图 8-37 所示。

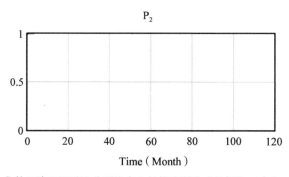

图 8-37　参数 R_2 对集体经济组织选择策略的影响

由图 8-37 可知：当政府非严格审查情况下政府管理部门的损失 R_2 增加至 4 时，随着时间 t 的推移，政府选择非严格监管集体建设用地建设租赁住房的比例 p_2 处于摇摆不定的状态，表明在此条件下，政府的策略选择处于不稳定的状态；当政府管理部门的损失 R_2 减少到 0.5 时，随着时间的推移，政府选择非严格监管集体建设用地租赁住房的比例也处于摇摆不定的状态。表明在此条件下，政府的策略选择处于不稳定的状态，但是同一时间段 R_2 减少较 R_2 增加，系统达到平衡所需时间减少，若增加 R_2，政府的态度就会变得更加摇摆不定。

（6）集体经济组织监管得力所得到的可再分配收益 B_2 对集体经济组织选择策略的影响

在满足条件 $Y_1 > S_2 > S_2 - F_2$、$R_2 + B_2 > C_2$ 的前提下，保持其他参数不变，通过降低和提高政府非严格审查情况下政府监管得力所得到的可再分配收益 B_2 的影响的模拟值来观察政府严格监管成本的变化对政府选择策略的影响，故将政府监管得力所得到的可再分配收益 B_2 的数值由 2 分别调整为 1.5 和 4。

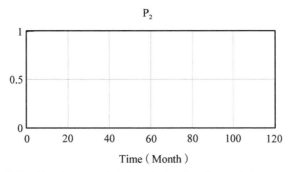

图 8-38 参数 B_2 对集体经济组织选择策略的影响

由图 8-38 可知：当政府监管得力所得到的可再分配收益 B_2 增加至 4 时，随着时间 t 的推移，政府选择非严格监管集体建设用地建设租赁住房的比例 p_2 由 0.5 趋于 1，并随着时间的推移，处于稳定的状态。表明在此条件下，政府的策略选择向"非严格监管"策略演化；当 B_2 减少到 1.5 时，随着时间的推移，政府选择非严格监管集体建设用地租赁住房的比例 p_2 向 1 演化的速度较增加时变缓，但从长期来看也会处于稳定的状态。表明在此条件下，政府的策略选择向"非严格监管"策略演化，B_2 减少较 B_2 增加，系统达到平衡所需时间减少，但从长期来看无论 B_2 增加或减少对政府选择策略的影响处于稳定状态。

通过以上分析可以得出，对于集体经济组织而言，提高集体建设用地租赁住房主管部门对承租者的监管成本、政府监管得力所得到的可再分配收益均可降低隐瞒不退行为发生的概率，利于控制博弈系统的稳定性；政府非严格审查情况下政府管理部门的损失无论增加或者减少均不可使系统处于稳定状态、集体经济组织主动退出时政府对承租者补偿减少有助于系统趋向于稳定状态。对于承租者而言，增加集体经济组织隐瞒不退所获得的额外收益、承租者被监管退出后所受到的处罚以及社会名誉等损失，有利于承租者选择主动退出；承租者主动退出时，增加政府对承租者的补偿有助于承租者倾向于选择主动退出。而在集体建设用地租赁住房主管部门实际监督管理过程中，当集体建设用地租赁住房违规现象频繁发生时，迫于社会监管和舆论的压力，集体建设用地租赁住房主管部门往往会对违规集体经济组织做出严厉的惩罚措施，若此时承租者仍然选择隐瞒退出策略，那么违规承租者将受到严厉的惩罚，同时，该群体中其他有着违规行为的个体观察到此信息，则会选择主动退出策略，从而使得集体建设用地租赁住房得到有效流转。随着时间的推移，集体建设用地租赁住房退出行为得到了有效的发展，而集体建设用地租赁住房主管部门选择监督策略时又会花费大量的成本，鉴于此，其监督力度逐步放松，此时又会助长承租者隐瞒退出行为的发生，甚而引起集体建设用地租赁住房乱象，最终导致双方在博弈过程中策略的反复波动和震荡，无法达到稳定的均衡状态。

第六节　集体建设用地租赁住房退出设计

一、承租者退出设计

承租者退出一般分为主动退出与被动退出两种类型。

（1）主动退出。具有主动退出意愿的承租者向集体租赁住房建设主体或运营企业提交退出申请，审批通过后，将承租者的个人信息记录，若承租者再次申请则享受优先权。

（2）被动退出者。经过联合征信机构、银行等对承租者的收入和资产进行评价，对于不符合条件的承租者应向其发放退出通知，规定其在规定期限内退出，若承租者应退不退，则需要在相关执法部门的协助下，进行强制清退。

二、集体经济组织退出设计

地方政府鼓励集体建设用地进行集体租赁住房建设，建设之初应设置集体租赁住房最低使用年限标准，防止集体经济组织私自改变集体租赁住房用途，影响城市房地产租赁市场。

若集体经济组织有退出意愿，根据集体租赁住房的开发模式的不同可以选择不同退出方案。

（1）集体经济组织与地方政府进行协商，地方政府可以将集体土地征收为国有土地，并给予一次性土地征收补偿，地上房屋部分可以给予地上物拆迁补偿，或经过评估之后给予集体经济组织一次性集体租赁房屋转让费，地方政府将集体租赁住房调整为公租房或另做其他用途。

（2）集体经济组织在集体租赁住房使用期限达到规定之后，若退出集体租赁住房，可将地上房屋建筑使用用途进行调整，但禁止出现"小产权房"；如果集体经济组织与合作企业进行开发，应在符合相关法律法规的条件下，在双方合同期满或按照合同对应条款解除合同；如果集体经济组织经过全体成员或代表讨论通过，可以将集体租赁住房的建设用地进行入市交易。

三、合作企业退出设计

当合作企业具有退出意愿时，一般可以通过以下几种方案进行：

（1）集体经济组织进行股份回购。若是合作企业有退出意愿，集体经济组织具有优先购买其全部股份的权利，村集体购买合作企业的全部股份并由其独立进行集体租赁住房的运营。

（2）合作企业股份转让给其他企业。若集体经济组织因自身经济实力不足而放弃购买合作企业股份时，则可以允许合作企业将股份转让给其他企业，由后继企业替代原合作企业继续与集体经济组织进行合作，共同开发运营集体租赁住房。

（3）当集体经济组织既无经济实力回购合作企业股份，而合作企业又不能寻找到合适的替代企业时，即无法将股份转让给其他企业时，可以寻求地方政府，由地方政府采用适合方式进行合作企业股份收购，完成集体租赁住房的运营目标。

第九章 结论与建议

第一节 研究结论

自《试点方案》发布以来，各试点城市在充分尊重农民集体意愿的基础上，结合自身实际，因地制宜，探索性地制定了相关试点实施方案，有效推动了集体建设用地租赁住房建设，达到了增加农村集体经济组织收益，丰富保障性租赁住房市场，较好地解决"新市民"的住房问题，对城市房地产市场的健康发展产生了积极的影响。

本研究从三条主线进行了集体建设用地租赁住房全体系、全过程的研究工作。

第一条主线：按照集体建设用地租赁住房决策——项目选址——项目融资——风险分担，即研究了是否有必要开展集体租赁住房建设项目，选择哪里的地块实施集体租赁住房项目，集体租赁住房项目建设的资金来源，项目建设风险的种类和分担机制。所以，只有在稳妥、慎重地回答或解决建设集体租赁住房项目建设主线的问题之后，集体建设用地租赁住房项目的建设才能顺利进行，极大程度上提高和增加了集体租赁住房项目的建设的成功率，保证了建设过程的良好效果。

第二条主线：按照集体建设用地租赁住房建成后的开发运营——收益分配进行研究，重点对集体租赁住房开发的模式、运营模式以及收益分配模型进行研究。通过对各试点城市已建成项目的归纳总结，以问题为导向，进行了开发模式和运营模式的分类总结，并从收益分配博弈的角度，对收益分配进行合理化改进，达到了集体租赁住房收益分配的合理化，保证了集体经济组织、成员个人及合作企业的合理合法化资本收益。

第三条主线：按照集体建设用地租赁住房全过程、全封闭的管理思维，在建设、运营两条主线之后，研究集体租赁住房的退出机制，通过建立退出演化博弈模型，分别就集体经济组织退出、合作企业退出、承租者退出等进行程序设计，未雨绸缪，为集体租赁住房的稳妥退出进行了必要研究探讨。

研究得到的主要结论如下：

一、集体租赁住房建设决策

研究了在城中村、城乡接合部地区建设集体租赁住房时，地方政府与集体经济组织可能采取的演化稳定策略。研究表明，集体租赁住房建成运营后所带来的社会效益对地方政府在城中村地区建设租赁住房的演化博弈策略有重要影响。当建设租赁住房所带来的社会效益大于进行集体土地依法征收所带来的经济效益、地方政府通过土地开发建设获得的经济收益以及因集体经济组织想要土地征收而地方政府额外支出的财政资助成本三者之和时，地方政府会采取建设租赁住房策略。集体经济组织的策略选择与地方政府的策略选择以及地方政府给予的税收减免、建安成本补贴、租金补贴等财政补贴因素有关。在双方策略选择相反的条件下，地方政府给予的财政优惠政策越多，集体经济组织的初始策略越坚定。集体经济组织总是倾向于采取与地方政府不同的策略，以谋求更多的收益。

在城乡接合部建设租赁住房时，地方政府与集体经济组织可能采取的稳定均衡策略。研究表明，地方政府的策略选择与租赁住房带来的社会经济效益及基础设施改善所增加的效益和用以投资建设基础设施的财政资金两者大小有关。当租赁住房及完善的基础设施所带来的社会经济效益大于基础设施建设投资成本时，地方政府会采取积极建设租赁住房的策略；相反，地方政府会选择怠惰建设租赁住房。对于集体经济组织而言，其策略选择不受租赁住房的租金收入与基础设施不完善导致的租金损失额两者大小的影响。即不论房屋租金收入大于基础设施不完善导致的租金损失额还是小于租金损失额，集体经济组织均倾向于选择怠惰建设租赁住房。集体经济组织偏重考虑租赁住房蕴涵的风险，采取保守做法，不会主动建设租赁住房，规避风险，特别是当集体经济组织选择建设租赁住房而地方政府不愿参与时，集体经济组织会面临着巨大的投资风险。

二、集体租赁住房建设风险分担

运用讨价还价博弈理论，基于集体经济组织和社会资本不同出价顺序，构建了集体经济组织和社会资本合作开发模式的共担风险分担博弈模型，得出了集体经济组织和社会资本的共担风险分担比例。通过 MATLAB 软件对各风险均衡解的计算公式进行数值模拟，得出共担风险分担比例的具体数值，为双方在合同谈判阶段合理分配风险提供了参考依据。研究得到：

（1）识别集体建设用地租赁住房风险因素，确定三种开发模式的风险分担类型。基于文献研究法，从中国房地产市场环境、集体建设用地租赁住房和有借鉴意义的公租房三个方面出发，对所面临的风险因素进行归纳总结，得出集体建设用地租赁住房风险因素清单。定性分析自行开发模式和入市出让模式的风险分担主体分别为集体经济组织和社会资本，合作开发模式的风险分担主体为集体经济组织和社会资本两个主体。

（2）风险分担比例与耗散系数、转移风险的概率和比例有关。基于参与主体不同出价顺序、地位的非对称性和耗散系数构建了集体经济组织先出价和社会资本先出价两种情况下的共担风险讨价还价博弈模型，得到了相应参与主体名义和实际的共担风险分担的计算公式。通过计算得到集体经济组织和社会资本的共担风险分担比例与耗散系数、转移风险的概率和比例有关。

（3）在风险谈判过程中，先出价的一方占有优势，所承担的风险比例小。运用 matlab 软件对所涉及的参数值在区间内随机模拟取其均值，模拟得到集体经济组织和社会资本对各风险因素的具体分担比例，得出集体建设用地租赁住房项目风险谈判过程中，先出价的一方占有优势，所承担的风险比例小。后出价的一方可以通过减少谈判次数来避免自身处于被动的地位。

（4）模拟得出各风险因素分担比例的具体数值，对各风险因素模拟结果定性分析。对所识别的 17 个风险因素进行模拟计算，得出在合作开发模式下集体经济组织和社会资本对各风险因素的分担比例具体数值，并对各风险因素模拟结果定性分析，为今后双方在合同谈判阶段提供相应建议和参考。

三、集体租赁住房选址与融资

受集体租赁住房建设用地必须为集体建设用地属性的限制，以及集体建设用地在城市中的分布主要集中在城中村、城乡接合部地区，结合城镇住房建设选址的有关要求，选择政策、规划、经济、就业、配套设施、交通、自然、社会等八项因素，构成集体租赁住房选址影响因素体系，建立选址适宜性评价模型，可对不同集体建设用地地块进行综合多因素加权评价计算。同时，重点对就业因素、交通因素、自然因素、配套设施因素等进行选取与分级，较好地完成了集体租赁住房选址的研究。避免盲目进行集体租赁住房项目的选址，注重选址的科学性，能够较好地保证集体租赁住房建设及运营效果。

根据当前各试点城市实施的集体租赁住房建设融资模式，各试点城市均创新性制定并实施了不同的融资的政策，其目的均是有效推动集体租赁住房项目的顺利实施。REITs 融资模式、PPP 改进模式、租金收益抵押模式以及联营模式、入股模式、独资模式等不同的融资模式具有不同的适用性区别，也为集体经济组织在融资问题上的选择提供了多种途径。

四、集体租赁住房的开发运营与收益分配

在集体租赁住房的开发与运营中，总结了现行的各试点城市的主要做法。严格按照《试点方案》建议的自行开发模式、入股开发模式以及企业单独开发模式等进行集体租赁住房的开发工作。以上三种开发模式为集体经济组织开展集体租赁住房建设提供了多种选择途径，具有较为成熟的开发模式体系，保证了集体租赁住房项目开发效果。在运营模式方面，开发主体自主运营模式、纳入政府保障房体系由政府运营模式、委托专业租赁机构负责运营管理模式等三种模式的提出，较好地为集体经济组织在集体租赁住房建设后的运营提供选择，能够较好地解决运营中隐藏的各类问题，确保运营方面的顺畅、高效。

收益分配方面，因受不同开发模式、运营模式、融资模式等选择的影响，在集体租赁住房收益分配方面存在一定的差别。通过分析收益相关者的利益诉求，建立收益分配博弈模型，开展集体经济组织与政府之间的博弈、集体经济组织与合作企业的博弈、集体经济组织与承租者的博弈，找出各主体之间的最优均衡解，推动集体建设用地租赁住房的顺利发展。

五、集体租赁住房建设退出

通过对集体经济组织、合作企业、承租者退出进行主体间的演化博弈结果分析，得到以下结论：第一，集体经济组织主动退出时，政府征

收集体建设用地为国有土地并对集体经济组织进行补偿。当政府补偿少于隐瞒不退所获收益时，集体经济组织趋向于选择隐瞒不退；当政府补偿多于隐瞒不退所获收益时，集体经济组织选择主动退出。对于未出现退出行为的集体经济组织，政府通过增加政策扶持力度，引导其主动退出；若集体经济组织出现退出行为，选择隐瞒不退时，政府通过强化社会舆论监管与惩罚力度，引导其主动退出。第二，合作企业退出时，无论集体经济组织是否严格监管，合作开发企业更倾向于选择隐瞒不退。合作开发企业未出现退出行为时，集体经济组织通过引入激励措施，鼓励其主动退出；当合作开发企业出现退出行为，选择隐瞒不退时，集体经济组织通过加强处罚力度，使隐瞒不退受到的损失远超所得收益，引导其主动退出。第三，承租者主动退出时，集体经济组织给予奖励。集体经济组织奖励少于隐瞒不退所获收益时，承租者趋向于选择隐瞒不退，当集体经济组织奖励大于隐瞒不退所获收益时，承租者选择主动退出。对于未出现退出行为的承租者，集体经济组织通过完善激励机制，引导其主动退出；而出现退出行为选择隐瞒不退的承租者，集体经济组织通过强化监管与惩罚力度，引导其主动退出。

第二节　相关建议

1. 地方政府持续加大政策支持力度，鼓励集体经济组织参与租赁住房建设

在建设租赁住房时，地方政府应予以项目建设强有力的政策支持，持续通过税收减免、租金补贴、建安成本补贴等财政政策，保证集体经济组织在集体租赁住房建设项目中能够获得保底收益，打消集体经济组织建设租赁住房的顾虑，鼓励吸引集体经济组织参与租赁住房建设。除此之外，地方政府需要加强城中村、城乡接合部地区的基础设

施建设，完善道路、公园绿地等配套设施，提升地区居住舒适度。

2. **进一步加强集体建设用地租赁住房的全过程管理**

项目开发阶段，地方政府下沉到集体经济组织内部，深入了解情况，在掌握集体经济组织经济实力、利益诉求以及未来发展规划等信息的基础上，帮助集体经济组织选取合适的租赁住房开发模式；项目融资阶段，加大对租赁住房建设运营的信贷等政策支持力度，支持银行业金融机构以市场化方式向租赁住房开发主体提供长期贷款，拓宽租赁住房项目融资渠道，保证项目建设资金需求；项目运营阶段，基于不同的租赁住房开发模式，在满足集体经济组织保底收益的前提下，地方政府指导租赁住房开发主体选择适当的运营模式，可采取自主运营、委托专业租赁机构运营管理、纳入地方政府公租房系统交由地方政府运营、由地方政府牵头成立运营公司负责运营管理等多种运营模式；最后，建立健全退出机制，倘若项目收益率低导致投资难以收回，需要地方政府接手运作租赁住房，通过股权转让、二次开发等方式，保证集体经济组织顺利退出。

3. **放大集体建设用地建设租赁住房项目的正外部性**

短期来看，建设租赁住房既可以增加租赁住房市场供给、缓解住房供求矛盾，又能够充分利用集体闲置土地、增加集体经济组织收益。长远来看，尤其是在城市更新战略背景下，建设租赁住房有利于完善城市空间结构，优化城市空间布局，实现高质量发展。因此，集体经济组织不能过于"短视"，不能只计较眼前利益得失，而是应该抓住政策试点的契机，积极参与租赁住房建设，为推动城市高质量发展贡献力量。

4. **建立合理的风险分担和激励机制**

一是建立合理的风险分担机制。针对不同的风险因素应明确由哪方参与主体承担更多的风险分担比例，例如建设和运营阶段的风险因素应由社会资本更多地承担风险分担比例。设立风险预储金，在合同谈判阶段得出双方风险分担比例后，根据风险分担比例缴纳一定份额的风险储备金，交由政府部门暂存，一方面有利于对风险造成的损失进行及时的控制，另一方面有利于约束参与主体的行为，使其更加积极地防范风险。二是建立有效的激励机制。采用税收减免政策和经济激励，对自觉承担更多风险的社会资本给予奖励，建立集体建设用地租赁住房企业考评体系，将在集体建设用地租赁住房开发过程中风险控制能力强的社会资本纳入动态信息库中，与其保持长期良好合作关系。

参考文献

［1］任家强，于学成．集体建设用地租赁住房租金及其风险分担研究
［J］．价格理论与实践，2021（12）：66-69.

［2］林依标．农村集体建设用地流转建租赁房的若干制度思考［J］．
发展研究，2012（3）：108-110.

［3］刁其怀．试论集体建设用地建保障性租赁房——以四川成都为例
［J］．中国房地产，2016（1）：51-55.

［4］姜阔．消费意愿视角下集体建设用地建租赁住房的发展路径研究：
以武汉市试点项目为例［D］．湖北大学硕士论文，2019.

［5］赵晓雷．中国经济思想史（第五版）［M］．大连：东北财经大学
出版社，2019.

［6］邓郁松，刘卫民，邵挺．中国住房市场趋势与政策研究 2020-
2050．北京：科学出版社，2019.

［7］李鹏鹏．济南市城镇低收入群体住房保障问题研究［D］．山东农
业大学硕士论文，2021.

［8］鲁雪晴．不同模式下利用集体建设用地建设租赁住房的实施效果
评价研究［D］．华中农业大学硕士论文，2021.

［9］寇鸿翔．促进农村养老服务发展的税收优惠政策研究［J］．上饶
师范学院学报，2022，42（1）：32-37.

［10］叶旺．集体建设用地发展租赁住房的障碍与对策研究——以北京
市海淀区唐家岭为例［J］．城市管理与科技，2019，21（4）：
34-37.

［11］王松奇．中国商业银行竞争力报告 2017 ［M］．北京：社会科学
文献出版社，2018．

［12］吴蒙．集体建设用地建设租赁住房法律问题研究 ［D］．华中科
技大学硕士论文，2019．

［13］孙涛．中国城郊城镇化道路研究：以天津市东丽区为例 ［M］．
天津：南开大学出版社，2016．

［14］陈锡文，韩俊．经济新常态下破解"三农"难题新思路 ［M］．
北京：清华大学出版社，2016．

［15］中华人民共和国土地管理法（2019 年版本）．

［16］中华人民共和国民法典（2020 年版本）．

［17］王晓瑜，郭松海，张宗坪．住房社会保障理论与实务 ［M］．北
京：中国经济出版社，2006．

［18］汤磊，李德智．集体土地建设公租房租金定价制度研究——基于
经典李嘉图租金定价模型的实证分析 ［J］．价格理论与实践，
2012（8）：41-42．

［19］张英洪．新市民：北京市农民工市民化研究 ［M］．北京：社会
科学文献出版社，2014．

［20］杨青贵．集体土地所有权实现法律机制研究 ［M］．北京：法律
出版社，2016．

［21］周雅静．利益相关者视角下集体建设用地租赁住房收益分配研究
［C］．郑州大学硕士论文，2020．

［22］王振伟，李江风．小产权房出路何在？——以集体建设用地租赁
房试点为视角 ［J］．中国土地，2012（04）：18-19．

［23］饶斌．农村集体土地建租赁房试点要积极谨慎 ［J］．上海房地，
2012（6）35-36．

［24］中国城市规划设计研究院城市规划与住房研究所．进城务工人员
住房问题调查研究 ［M］．北京：商务印书馆，2011．

［25］伍振军．农村地权的稳定与流动 ［M］．上海：上海远东出版社，

2017.

[26] 葛现洋.集体建设用地建设租赁住房法律问题研究［D］.河北大学硕士论文，2021.

[27] 刘灵辉，王科宇.农村集体建设用地建设租赁性住房问题研究［J］.四川理工学院学报（社会科学版），2019，34（1）：1-19.

[28] 刘东陆.集体建设用地保障房租赁市场的法律规制研究［J］.经济研究参考，2017（72）：79-82.

[29] 王婷婷.集体经营性建设用地租赁房试点收益分配［J］.三明学院学报，2018，35（1）：37-40.

[30] 靳雯雯.引入集体建设用地建设租赁住房的城中村改造模式研究［J］.山东财经大学硕士论文，2018.

[31] 叶婕妤.合作博弈视角下集体建设用地建租赁住房利益分配研究［D］.湖北大学硕士论文.2020.

[32] 柴铎，林梦柔，范华.集体土地建租赁住房的利益影响机理与多中心治理机制［J］.经济地理，2018，38（8）：152-161.

[33] 文兰娇、汪晗、张安录.从垄断到寡头：集体建设用地交易中政府和集体经济组织的收益分配关系研究［J］.中国人口.资源与环境，2018，28（3）：53-60.

[34] 张强.集体建设用地建设租赁住房开发模式风险管理［C］.山东建筑大学硕士论文，2019.

[35] 韩硕硕，陈红霞.集体建设用地建租赁住房的困境与实现形式——基于文献综述［J］.中国国土资源经济，2022（3）：1-11.

[36] 郭永沛，贺一舟，梁滟滟，等.集体土地建设租赁住房试点政策研究——以北京市为例［J］.中国软科学，2020（12）：94-103.

[37] 冯维波.快速城市化地区的"城中村"现象探析［J］.重庆工商大学学报（自然科学版），2006（1）：100-103.

[38] 邓宏乾，王昱博．租赁型保障住房退出机制研究——基于进化博弈论的视角 [J]．贵州社会科学，2015（3）：123-127.

[39] 陈添巧．南京市城中村建租赁住房的演化博弈研究 [M]．武汉：湖北农业科学，2019.

[40] 易竹．基于演化博弈的智慧建筑市场激励机制研究 [C]．长沙理工大学硕士论文，2018.

[41] 段纯，毛裕业．演化博弈视角下小产权房现象的成因分析 [J]．中国房地产业，2017（21）：33-35.

[42] 常永华，李春玲．基于演化博弈的电子政务信息服务模型分析研究 [J]．情报学报，2013，32（7）：733-741.

[43] 陈杰，祝连波，许小进．装配式建筑绿色供应链管理激励博弈分析 [J]．工程建设，2021，53（10）：66-72.

[44] 黄保华．利用集体建设用地建设租赁住房情况调查，2018（11）：36-38.

[45] 冯宇晴．利用集体建设用地建设租赁住房试点的政策、现状与建议 [M]．中国房地产报，2019.

[46] 赵丹青．郑州市集体租赁住房运营机制构建研究 [D]．郑州大学硕士论文，2021.

[47] 胡阳．集体建设用地建设租赁住房 PPP+REITs 融资模式研究 [D]．华中师范大学硕士论文，2020.

[48] 刘卫民．集体建设用地：租赁住房土地供给新模式 [J]．中国土地，2017（10）：1.

[49] 张超杰．张家口市公共租赁住房建设选址适宜性研究 [D]．河北建筑工程学院硕士论文，2020.

[50] 陈彬．我国城市保障性住房选址研究 [D]．东南大学硕士论文，2015.

[51] 付恒阳，李小燕．陕南移民安置区选址空间适宜性评价——以勉县为例 [J]．中国农业资源与区划，2019，40（4）：112-121.

［52］王魁，张晓星，吴南．基于 GIS 技术的住房建设布局引导探讨
——以天津市住房建设规划为例［J］．城市，2010（9）56-61.

［53］龙灏编．城市最低收入阶层居住问题研究：重庆市廉租房体制及
其选址与设计［M］．北京：中国建筑工业出版社．2010.

［54］罗琦．城乡融合地区农民集中居住区规划研究及实践探索，2020
（21）：89-91.

［55］魏双慧．集体建设用地租赁住房开发模式选择研究［D］．郑州
大学硕士论文，2019.

［56］陈广华．土地征用及失地农民入股安置制度研究［M］．北京：
中国政法大学出版社，2012.

［57］杭云．农村集体建设用地建设租赁住房的瓶颈与机制探索［D］.
浙江大学硕士论文，2019.

［58］王慧慧．集体建设用地上公租房制度民事法律问题实证研究
［D］．辽宁大学硕士论文，2020.

［59］王永强．论集体建设用地租赁住房制度的不足及改善［D］．深
圳大学硕士论文，2018.

［60］严荣．为何要利用集体建设用地建设租赁住房［J］．上海房地，
2017（10）4-7.

［61］窦春晖．保障性住房后期运营管理分析［J］．住宅与房地产，
2019（27）6-7.

［62］龙志和，莫凡．农村集体建设用地进入租赁住房市场的挑战与应
对［J］．改革，2019（3）：30-37.

［63］孔德营．利用农村留用地建设集体租赁住房的实践与思考——以
福建省厦门市为例［J］．农村金融研究，2019（12）：64-69.

［64］韦清．集体建设用地建设公租房模式下农民土地权益保障研究
［D］．华中师范大学硕士论文，2019.

［65］周为吉，程小曼，温汉锋，等．利用集体建设用地建设租赁住房
的法律障碍及对策研究［J］．城乡建设，2020（5）：40-43.

［66］武锋刚．太原市农村改造建设用地新模式研究［J］．科技风，2015（4）：157.

［67］徐继文．土地市场热点探析［M］．武汉：武汉理工大学出版社，2008.

［68］欧阳亦梵．嵌入公有地权体系结构的建设用地使用权续期制度研究［D］．浙江大学博士论文，2020.

［69］刘灵辉，邱晓艳，王科宇．农村集体建设用地建设租赁性住房的租住意愿影响因素研究——基于1003名大学生的调研［J］．西南交通大学学报（社会科学版），2019，20（06）：117-128.

［70］王佑辉．集体建设用地流转制度体系研究［M］．武汉：华中师范大学出版社，2015.

［71］张强．基于ISM的集体建设用地建设赁房风险研究［J］．中国管理信息化，2018，21（18）：191-192.

［72］汝岩岩．基于博弈论的集体土地租赁住房市场与模式研究［D］．中国地质大学（北京）硕士论文，2019.

［73］连山编．图解博弈论—全彩图解典藏版［M］．北京：中国华侨出版社．2016.

［74］张瑞，王卓甫，丁继勇．基于讨价还价博弈的PPP项目运营商的激励契约设计［J］．工程管理学报，2017，31（04）：52-58.

［75］葛现洋．集体建设用地建设租赁住房法律问题研究［D］．河北大学硕士论文．2021.

［76］洪艳蓉．基础设施REITs融资中资产方的身份转换与权利限制［D］．中国法律评论，2021（4）：202-210.

［77］姜树梅．风险投资运作［M］．大连：东北财经大学出版社，2001.

［78］刘蓓蓓．潍坊市保障性住房PPP模式风险管理研究［D］．山东科技大学硕士论文．2020.